保護者・学校関係者・スポーツ指導者・医師のための

こどものスポーツ医学

東京女子医科大学教授

浅井 利夫 著

株式会社 新興医学出版社

はじめに

　欧米の一流スポーツ選手や一流スポーツチームは，コーチから技術的な指導を受けると同時に，スポーツ医学を勉強した医師から医学的な指導を受けている。『スポーツ障害の防止』と『練習効果をあげる』ためである。

　スポーツもただ練習，練習という時代から医学的な知識や技術の科学的分析〔作戦〕の必要な時代になっている。必要な知識とは『スポーツ医学的知識』と『スポーツ科学的知識』である。

　日本ではスポーツ医学という医学は，比較的耳新しい医学分野であるが，欧米では大変に研究が進んでいるうえ，スポーツ現場で実践されている。

　日本では『運動やスポーツを行っていれば健康』，『練習に，練習を重ねれば強くなる』と妄信している運動やスポーツを愛好している子ども，保護者，学校関係者，スポーツ指導者がいる。確かに，強くなるためにはある程度の量の練習が必要である。同時に運動やスポーツが，健康を害することがあることも知っている必要がある。『スポーツ障害』である。とくに練習や試合のやり過ぎは『スポーツ障害』を招くことになる。運動やスポーツを愛好している子どもにもスポーツ医学的知識やスポーツ科学的知識に基づいた安全で，楽しい運動やスポーツ活動が求められる。

　子ども達の運動やスポーツでは，やり過ぎの反対の『運動不足』という問題もある。

　『育児は親の勉強』。本書では運動やスポーツを愛好する子ども，保護者，学校関係者，スポーツ指導者，医師などが知っておいて欲しい子ども達のスポーツ医学的知識について，これまでに執筆してきたものを集め加筆し解説した。本書が子ども達のスポーツ活動の一助となればこれ以上の幸いはない。

　文末になったが，本書の出版にあたりご尽力下さった新興医学出版社服部治夫専務に深謝する。

目　次

第1章　問題点と現状 …………………………………………………1
　A．運動やスポーツの必要性 ………………………………………1
　B．運動不足の背景 …………………………………………………2
　C．運動不足の弊害 …………………………………………………3
　D．多発するスポーツ障害 …………………………………………8
　E．危ない運動部や地域のスポーツクラブ活動 …………………9

第2章　子どもの特徴 …………………………………………………11
　A．体重と身長の成長 ………………………………………………11
　B．思春期 ……………………………………………………………12
　C．成長や体格の評価方法 …………………………………………12
　D．運動能力の発達 …………………………………………………15

第3章　理想的なスポーツ指導 ………………………………………17
　A．理想的なスポーツ指導 …………………………………………17
　B．工夫した練習とルール …………………………………………18
　C．適切な防具と靴 …………………………………………………19
　D．効果的な練習 ……………………………………………………19
　E．スポーツ強化 ……………………………………………………20
　　1．精神面の強化 …………………………………………………21
　　2．筋力トレーニング ……………………………………………21
　　3．生理のコントロール …………………………………………22
　　4．生活上の注意 …………………………………………………24

第4章　乳幼児のスポーツ医学 ………………………………………27
　A．ベビースイミング ………………………………………………27
　　1．歴史 ……………………………………………………………27
　　2．問題点 …………………………………………………………28
　　3．効果 ……………………………………………………………30
　　4．海外の状況 ……………………………………………………31

　　　　5．障害児のトレーニング ………………………………………32
　　　　6．理想的なベビースイミング …………………………………33
　　　　7．入会前の注意 …………………………………………………34
　　B．赤ちゃん体操 ………………………………………………………34

第5章　水泳の医学 …………………………………………………………36
　　A．水中スーポツの特徴 ………………………………………………36
　　B．潜水性徐脈 …………………………………………………………38
　　C．水泳中の不整脈 ……………………………………………………40
　　D．水泳の功罪 …………………………………………………………40

第6章　スポーツの功罪 ……………………………………………………42
　　A．スポーツの功罪 ……………………………………………………42
　　B．活性酸素 ……………………………………………………………42
　　C．運動と寿命 …………………………………………………………43
　　D．抗酸化的酵素 ………………………………………………………45

第7章　スポーツ障害 ………………………………………………………47
　　A．急性内科的スポーツ障害 …………………………………………47
　　　　1．突然死 …………………………………………………………47
　　　　2．熱中症 …………………………………………………………47
　　　　3．過呼吸症候群 …………………………………………………50
　　　　4．運動誘発性気管支喘息 ………………………………………53
　　　　5．食物依存性運動誘発性アナフィラキシー …………………55
　　　　6．脇腹痛 …………………………………………………………56
　　　　7．その他の障害 …………………………………………………57
　　B．慢性内科的スポーツ障害 …………………………………………57
　　　　1．オーバートレーニング（慢性疲労）………………………58
　　　　2．スポーツ貧血 …………………………………………………59
　　　　3．生理不順 ………………………………………………………59
　　　　4．スポーツ心臓 …………………………………………………60
　　　　5．血尿・蛋白尿 …………………………………………………62
　　　　6．不登校 …………………………………………………………62

C．主な整形外科的スポーツ障害 …………………………62
　　　　1．捻挫 ………………………………………………64
　　　　2．脱臼 ………………………………………………65
　　　　3．肉離れ（筋線維束断裂）………………………65
　　　　4．突き指 ……………………………………………66
　　　　5．脊椎分離症 ………………………………………66
　　　　6．脊椎（分離）滑り症 ……………………………67
　　　　7．オスグッド病 ……………………………………67
　　　　8．テニス肘 …………………………………………68
　　　　9．野球肘・野球肩 …………………………………68
　　D．少年野球への提言 ……………………………………69

第8章　スポーツ救急 …………………………………………71
　　A．必要な道具 ……………………………………………71
　　B．実際 ……………………………………………………71
　　C．心肺蘇生 ………………………………………………72
　　　　1．人工呼吸 …………………………………………73
　　　　2．心臓マッサージ …………………………………75

第9章．メディカルチェック …………………………………78
　　A．メディカルチェック …………………………………78
　　B．運動部部員の健康管理 ………………………………79
　　C．骨の健康 ………………………………………………80
　　D．歯や目の健康 …………………………………………82
　　E．検査内容 ………………………………………………83
　　　　1．胸部レントゲン写真 ……………………………84
　　　　2．心電図検査 ………………………………………84
　　　　3．運動負荷心電図検査 ……………………………87
　　　　4．24時間心電図検査（ホルター心電図検査）… 89
　　　　5．心エコー検査 ……………………………………89
　　　　6．血液検査 …………………………………………90
　　　　7．尿検査 ……………………………………………92
　　　　8．診察・聴診 ………………………………………93

iii

   9．CT検査 ··· 93
   10．MRI検査 ·· 95
 F．診断書 ··· 95

第10章　病気とスポーツ ·· 98
 A．風邪とスポーツ ·· 98
 B．慢性疾患とスポーツ ·· 99
   1．心臓病 ··· 99
   2．腎臓病 ·· 111
   3．テンカン ·· 112
   4．川崎病 ·· 116
   5．糖尿病 ·· 117
   6．肥満児 ·· 119
   7．運動処方 ·· 120
 C．水泳と病気 ··· 121

第11章　ドーピング ··· 124
 A．ドーピング ··· 124

第12章　スポーツ医学の将来 ·· 125
 A．スポーツ医 ··· 125
 B．発育期のスポーツマン権利目録 ·· 125

索引 ·· 127

第1章　問題点と現状

　最近の子ども達の運動やスポーツに関する問題として，相反する2つの問題点が指摘されている。1つは運動不足であり，もう1つは運動のやり過ぎにより多発するスポーツ障害である。

A．運動やスポーツの必要性

　子どもの運動やスポーツの必要性は，以下のような効用や効果があるからである。
① 成長・発達の促進に役立つ。
　適度な運動やスポーツは骨の発育や運動神経を刺激し，子どもの『体の成長や発達の促進』に役立つ。
② 体力が向上する。
　適度な運動やスポーツを行うことによって，筋肉や運動神経が発達し，体力が向上する。
③ 精神的発達が促進する。
　運動やスポーツは集団で行うことが多く，集団における社会的ルールやスポーツルールを守るトレーニングが自然に行われ，社会的適応能力や精神的発達が促進される。
④ 疲労からの回復力が向上する。
　適度な運動やスポーツを行うことによって体力が向上し，疲労からの回復力が向上する。
⑤ 生活習慣病（成人病）のリスクを減少させる。
　適度な運動やスポーツを行うことによって，肥満症や高脂血症を防止することができ，動脈硬化症や高血圧症などの生活習慣病（成人病）の発病リスクを減らすことができる。
⑥ 危険からの回避能力が向上する。
　適度な運動やスポーツを行うことによって運動神経が発達し，危険からの回避能力が向上する。

⑦ 生涯スポーツの基礎となる。

　成人になって高血圧症や肥満症の治療のために運動やスポーツが必要となったとき，幼小児期に行ったことのある運動やスポーツを再度行うことが多い。受験などで一度は中断しても，幼小児期に運動やスポーツを経験しておくことが大切である。

⑧ ストレスの解消になる。

B．運動不足の背景

　運動不足の社会的・環境的原因や背景に，学童期の子どもの運動やスポーツの基本となる乳幼児期の遊びに変化が起こったことがある。

　1965年（昭和40年）頃までは自宅の周囲には豊かな自然と空き地があり，子ども達が自由に遊べる場所があった。しかし，高度経済成長時代なると空き地や広場がなくなり，マンションや団地といった閉鎖的住宅が増加し，子どもの数も少なくなり，『子どもの遊び』も変化せざるをえなくなってきた。

　ひと昔前の子ども達は，自宅近くの空き地や広場で，木登りや野球などをして集団で遊んだり，家事を手伝っていた。最近では路地や広場で集団で遊んでいる子ども達や家事に汗を流している子ども達の姿を目にすることは，極端に少なくなっている。同じような現象は都市ばかりでなく，農村でもみられる。

　少し難しい表現であるが，子ども達の遊びは「子どもが創り出した自然発生的遊びから，運動や社会性だけを意図的に抽出し，大人の指導や管理のもとに行われる『教育的運動やスポーツ』へと変わっている」。幼少児期の自然発生的な遊びが消失し『形式主義』，『管理主義』，『技術主義』，『勝利主義』などといわれる『ゆとりや無駄のない遊び』が行われるようになってしまっている。

　戦後の経済優先の社会と生活環境の変化が，子ども達を運動不足にした。結果，子ども達の体力は低下し，動脈硬化症や高血圧症などの生活習慣病（成人病）が，30歳代とか40歳代というような若さで発病する危険性が心配されている。具体的な運動不足の原因は，総理府の調査によると以下のような原因が多い（図1）。

① テレビをみる時間が多い。
② 勉強や塾に忙しい。
③ 遊ぶ場所がない。
④ 歩く機会が少ない。
⑤ 親が過保護である。

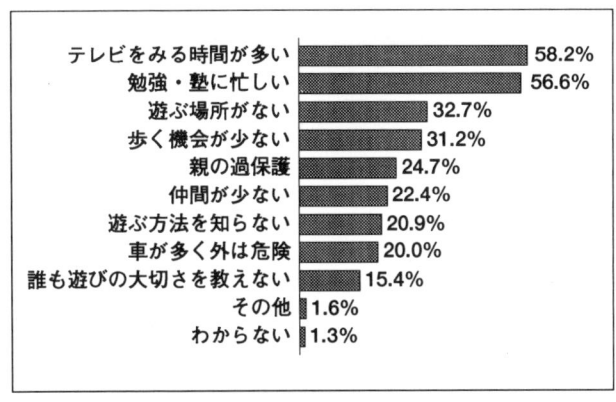

図1　子どもの運動不足の理由（総理府調査成績より引用）

⑥ 仲間が少ない。
⑦ 遊ぶ方法を知らない。
⑧ 車が多く，危険である。

　乳幼児期を過ぎた子ども達の日常生活ではテレビをみたり，テレビゲーム，受験勉強の他に，家庭生活の電化と車社会が子ども達の運動不足を助長している。家庭生活の電化により，子ども達が家事を手伝う必要性が少なくなっている。車社会は遊び場を奪ったばかりでなく，子ども達が歩くことも奪っている。
　さらに，駅や建物内のエスカレーターなどのさまざまな生活環境が，子ども達の運動不足の背景となっている。

C. 運動不足の弊害

　運動不足の子ども達が増加した結果，体力低下と肥満した子どもの増加が起こっている。
　子ども達の体力が低下していることは，体力診断テストや運動能力テストの結果に顕著に現れている。
　文部省が行う体力診断テストや運動能力テストでは小・中学生の背筋力，立位体前屈，走り幅跳びなどが低下していることが指摘されている（図2）。
　近藤充夫先生らは4～6歳の幼児の体力を経年的に調査しているが，最近の子ども達は，全体的に体力が低下しているが，とくに自分の体を支える能力（2つの机を体の幅くらい離して並べ，それぞれの机に手をついて体を浮かし，持続時

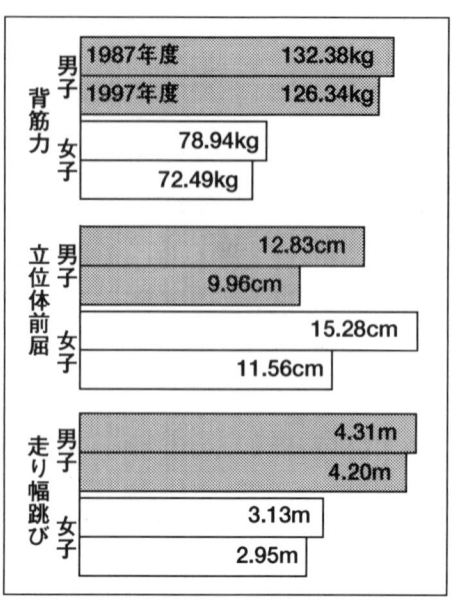

図2　高校2年生の体力・運動能力の比較
上段：1987年度，下段1997年度

間を測定する）が極端に減少していることをはじめ，ソフトボール投げ，立ち幅飛びなども低下していることを指摘している（図3）。

最近，肥満児が増加している。文部省や東京都の資料をみても，肥満児が増加している（図4）。

著者も協力した『（財）日本小児科学会：子どもの生活環境改善委員会（委員長：大国真彦先生）』が行った『子どもの肥満とテレビ視聴時間に関する全国調査』でも，子どもの肥満の程度とテレビ視聴やテレビゲームを行っている時間は関係があり，肥満した子どもほどテレビをみたり，テレビゲームを行っている時間が長いことが明らかにされている（図5）。

肥満児が増加してしている背景には運動不足以外に食事の洋食化，遅い食事時間，多い間食，外食の増加，インスタント食品やファーストフードの普及，多いストレスなどさまざまな原因が複合している。

肥満児は作らないこと，肥満児にさせないことが大切である。肥満児になってから痩せさせようとしてもなかなか困難である。肥満の兆候が少しでもみられたら，食生活の改善や運動活動の促進を行い，肥満児にさせない努力が大切である。

肥満の程度は体重や身長（表1）から計算される。

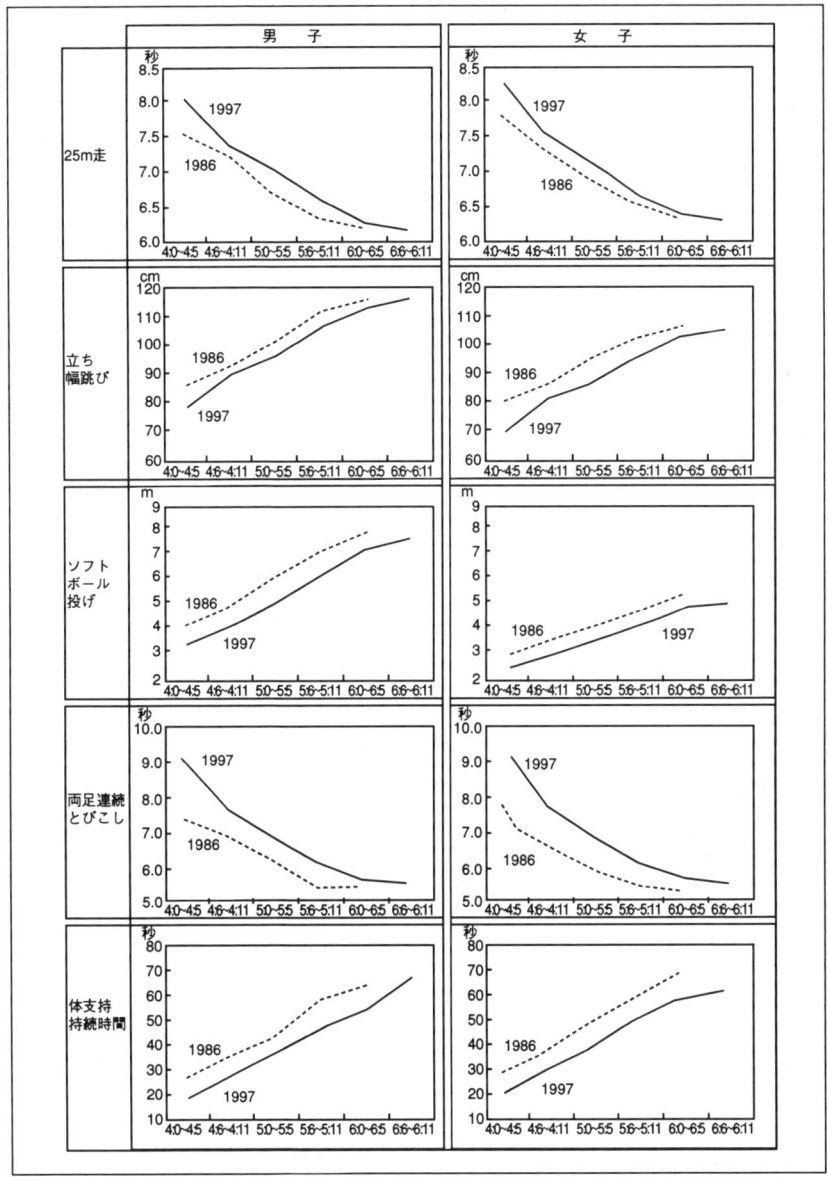

図3　幼児の運動能力1997年（実線）と1986年（破線）との比較（近藤充夫，他：体育の科学48：851，1998より引用）

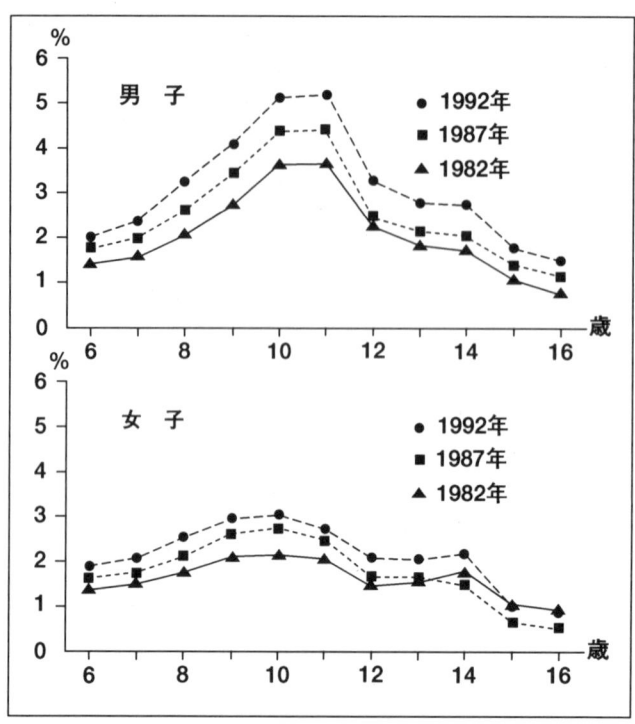

図4　肥満児の年別の頻度（東京都の資料より引用）

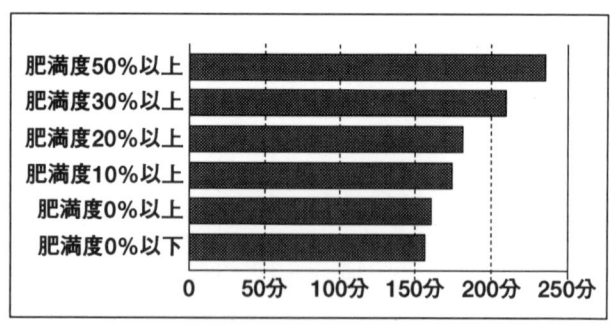

図5　肥満の程度とテレビ視聴時間などとの関係（(財)日本小児科学会の資料より引用）

標準体重から肥満度を求める方法は

$$\frac{自分の体重 - 標準体重}{標準体重} \times 100 = 肥満度$$

＋20％以上が『肥満』で，＋20％～＋30％を軽度肥満，＋30％～＋50％を中等度肥満，＋50％以上は高度肥満と判定する。＋20％と－20％の間が正常で，－20％以下は『やせ』である。

BMI（Body Mass Index）は

$$\frac{体重}{身長 \times 身長} \times 100 = BMI$$

通常25以上を肥満と判定する。

一方，大人の指導の下で運動やスポーツを愛好している子ども達は，運動やス

表1 男子・女子（10～17歳）の身長・体重

男子

暦年齢（歳・月）	標準身長（cm）	標準体重（kg）
10・0	135.9（5.8）	32.1（6.4）
10・6	138.6（6.0）	33.9（6.9）
11・0	141.5（6.4）	36.0（7.5）
11・6	144.4（6.8）	38.0（8.0）
12・0	147.9（7.3）	40.8（8.7）
12・6	151.4（7.9）	43.5（9.4）
13・0	155.1（7.8）	46.3（9.5）
13・6	158.8（7.7）	49.0（9.7）
14・0	161.7（7.2）	51.6（9.8）
14・6	164.5（6.7）	54.2（10.0）
15・0	166.2（6.3）	56.6（10.2）
15・6	167.9（5.8）	59.0（10.3）
16・0	168.7（5.8）	59.9（10.0）
16・6	169.7（5.7）	60.7（9.8）
17・0	170.0（5.6）	61.4（9.6）
17・6	170.4（5.6）	62.0（9.4）

女子

暦年齢（歳・月）	標準身長（cm）	標準体重（kg）
10・0	136.3（6.3）	32.0（6.3）
10・6	139.5（6.6）	34.0（6.9）
11・0	142.9（6.6）	36.5（7.2）
11・6	146.3（6.6）	38.9（7.5）
12・0	148.9（6.3）	41.4（7.7）
12・6	151.1（5.9）	43.9（7.9）
13・0	153.1（5.6）	45.7（7.7）
13・6	154.7（5.3）	47.5（7.5）
14・0	155.6（5.2）	48.9（7.4）
14・6	156.4（5.2）	50.2（7.3）
15・0	156.8（5.1）	51.2（7.5）
15・6	157.2（5.1）	52.1（7.7）
16・0	157.4（5.1）	52.4（7.5）
16・6	157.6（5.1）	52.6（7.2）
17・0	157.8（5.1）	52.7（7.1）
17・6	157.9（5.0）	52.8（7.0）

（1990年度文部省学校保健統計調査報告書・諏訪珹三，立花克彦より引用）
（カッコ内数字は標準偏差値）

ポーツのやり過ぎによってさまざまな『スポーツ障害』を起こしている。『多発するスポーツ障害』である。

D．多発するスポーツ障害

子どもの運動やスポーツについて『運動不足』と全く逆の『運動やスポーツのやり過ぎ』によりスポーツ障害が多発していることが危惧されている。

スポーツ障害にはさまざまな障害がある。成人と同様に子どもにも整形外科的スポーツ障害が多くみられるが，その他に内科的スポーツ障害，精神科的スポーツ障害，眼科的スポーツ障害，耳鼻科的スポーツ障害などさまざまなスポーツ障害が起きている。

整形外科的スポーツ障害の頻度は**表2**に示したように，スポーツ種目により障害される部位と頻度が異なるが，足関節や膝関節の障害は，中学生や高校生の4人に1人の割合で起っている。

『内科的スポーツ障害』は以外と注目されていない。『内科的スポーツ障害』には『急性内科的スポーツ障害』と『慢性内科的スポーツ障害』がある（**表3**）。

表2　中学・高校生における運動器障害の頻度 (%)

	学校群	頚・背・腰部	鎖骨・肩	肘	手・指	膝	足足関節	その他	無回答
全体	中学	7.9	5.2	6.4	11.3	22.1	24.9	15.8	6.4
	高校	17.7	5.9	4.0	8.1	19.4	24.7	17.6	2.4
野球	中学	9.8	12.5	20.9	11.4	11.4	12.0	17.1	4.9
	高校	20.5	18.4	11.1	10.5	8.9	12.1	14.2	4.2
サッカー	中学	5.9	1.5	2.1	9.2	22.5	30.8	19.5	8.6
	高校	17.1	0.6	0.6	5.4	18.3	35.7	19.7	2.6
バスケットボール	中学	5.5	1.9	1.0	10.3	32.2	33.7	10.3	5.0
	高校	12.7	0.9	0.6	6.8	30.5	31.4	14.5	2.7
バレーボール	中学	11.2	7.5	2.2	17.2	21.7	24.3	12.0	3.7
	高校	18.2	5.1	2.2	17.6	24.3	19.8	10.5	2.2
陸上	中学	10.0	2.9	1.4	4.3	31.4	21.4	24.3	4.3
	高校	23.9	1.3	2.7	1.9	17.0	24.5	26.9	1.9
ラグビー	高校	14.4	13.1	5.2	6.5	13.1	21.6	23.5	2.6

（渡會公治：臨床スポーツ医学 4：735, 1987 より引用）

表3　スポーツによる内科的障害

A. 急性障害	B. 慢性障害
1. 心停止（突然死）	1. 貧血
2. 動脈瘤破裂（突然死）	2. 不整脈，スポーツ心臓
3. 熱中症	3. 蛋白尿，血尿
4. 筋肉融解	4. 慢性疲労（オーバートレーニング）
5. 脇腹痛	5. 不眠症
6. 低血糖症候群	6. 消化性潰瘍
7. 高山病	7. 慢性疾患（循環器系，肝，腎など）の増悪
8. 潜水病	8. 生理不順（障害）
9. 過呼吸症候群	
10. 運動誘発性気管支喘息	
11. 食物依存性運動誘発性アナフィラキシー	

『急性内科的スポーツ障害』は主にスポーツ現場で起こるスポーツ障害である。『急性内科的スポーツ障害』には突然死，熱中症，筋肉融解，脇腹痛，低血糖症候群，高山病，潜水病，過呼吸症候群（過換気症候群），運動誘発性気管支喘息，食物依存性運動誘発性アナフィラキシーなどがある。

『慢性内科的スポーツ障害』は，気がつかないうちに体が蝕まれるというスポーツ障害である。『慢性内科的スポーツ障害』にはスポーツ貧血，スポーツ心臓，蛋白尿・血尿，オーバートレーニング（慢性疲労），不眠症，胃・十二指腸潰瘍，慢性疾患の増悪，生理不順（障害）などがある。

E．危ない運動部や地域のスポーツクラブ活動

学校の運動部や地域のスポーツクラブに所属して，運動やスポーツを楽しんでいる子どもがかなりの数いる。しかし，所属している学校の運動部や地域のスポーツクラブのなかには，目先の勝利に走り，毎日毎日，早朝練習に夕方の練習を行い，土曜日・日曜日は試合という学校の運動部や地域のスポーツクラブがある。このような学校の運動部や地域のスポーツクラブに所属する子どもは，スポーツ障害を起こす危険性が高い。

著者が高校生を対象に調査した結果でも，毎日毎日，かなりきつい練習を行っている子ども達が数多くいた（**表4**）。

『スポーツは医学と科学の時代』である。毎日毎日，ただ練習，練習だけ行っても強くならないうえ，スポーツ障害を起こす危険性がある。

表4 練習頻度と自覚強度

a. スポーツを行っている頻度（1週間）について

対象	毎日	5, 6日	4, 5日	3, 4日	2, 3日	1, 2日	不明	計
小学生時代	21人	17人	23人	41人	47人	127人	9人	285人
	7.4%	6.0%	8.1%	14.1%	16.5%	44.6%	3.0%	100%
中学生時代	48人	107人	57人	41人	27人	17人	1人	298人
	16.1%	35.9%	19.1%	13.7%	9.1%	5.7%	0.3%	100%
高校生時代	46人	75人	32人	16人	14人	33人	4人	207人
	22.2%	36.2%	15.5%	7.7%	6.8%	15.9%	1.9%	100%

b. スポーツの自覚強度について

対象	きつい	普通	楽	不明	計
小学生時代	74人	161人	48人	4人	285人
	26.0%	56.5%	16.1%	1.4%	100%
中学生時代	123人	134人	36人	5人	298人
	41.3%	45.0%	12.0%	1.7%	100%
高校生時代	127人	49人	24人	7人	207人
	61.4%	23.7%	11.6%	3.3%	100%

（上段：人数，下段：頻度）

第2章　子どもの特徴

子どもの特徴の1つは心身の未熟性と成長発達である。この基本を理解せずに運動やスポーツのアドバイスや指導をするとスポーツ障害を発生させることになる。

A．体重と身長の成長

子どもの特徴の1つは，日々，体が大きくなることである。

生まれたての子どもの平均体重は3kg前後，平均身長は50cmくらいである。体重は生後3～4カ月で約2倍の6kgに，1歳で約3倍の10kgに，6歳で約7倍の21kgになる。

身長は4歳で約2倍の100cmに，13歳で約3倍の150cmになる。

子どもの体の成長は生まれてから満1歳くらいまでの間が最も著しく，その後しばらくはほぼ一定のペースで大きくなり，思春期で再び著しく大きくなる。

体重や身長の成長と共に体型も変わる。生まれたての子どもは4等身であるが，2歳で5頭身に，6歳で6頭身に，15歳で7頭身に，成人で8頭身になる（図6）。

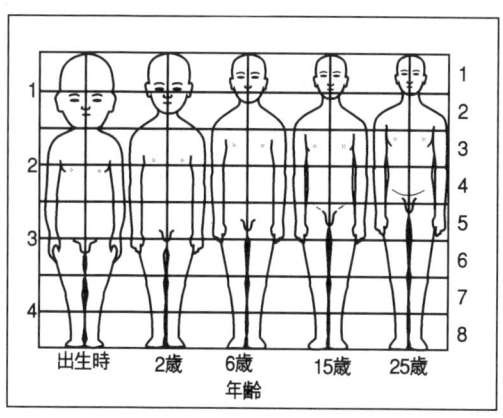

図6　身体各部のつりあい（Strats CH：Der Korper des Kindes und seine Ptlege, 12te Aufl, Enke, Stuttgart, 1941より引用）

B．思春期

　最も運動やスポーツを行う機会の多い思春期は，子どもの成長発達という観点からみると最も個人差の大きな時期である。そのうえ，思春期になると体の大きさばかりでなく，性的発達がみられる。

　男子では10〜11歳で陰茎や睾丸が大きくなり，12〜13歳で恥毛がみられ，14〜15歳で声変わりが起こり，15〜17歳で腋毛やひげなどがみられるようになる。

　女子では9〜10歳で乳嘴，10〜11歳で乳房が大きくなり恥毛がみられ，12〜13歳で乳頭に色素沈着が，13〜14歳で腋毛や初潮がみられるようになる。

　子どもの成長・発達には，一定の範囲で個人差がある。とくに思春期では個人差が著しい。運動やスポーツの種目によっては，体の大きさが重要な種目がある。結果，スポーツ指導者は，思春期の成長促進が遅れ，体の小さい子どもを無視することがある。

　正確な医学的知識としては少し暴言であるが，思春期の発来が早く体格の大きな子どもは，思春期の発来の遅い子どもより一時期だけ体が大きいだけである。少し思春期の発来が遅い子でも，特別な病気がない限り，思春期が始まれば体は大きくなり，思春期の発来が早い子どもに追いつくことを基本的知識として知っている必要がある。

C．成長や体格の評価方法

　体の大きさは，体重や身長で評価される以外にさまざまな計算式や曲線によって評価される。

　1：カウプ指数

　カウプ指数は〔体重（g）／身長×身長（cm）〕×10で求められる。

　カウプ指数は主に乳幼児の体格の評価に用いる。正常は15.0〜18.0で，15.0以下は痩せ傾向に，18.0以上は肥満傾向である。

　2：成長曲線

　成長曲線は体重や身長の標準値と標準偏差値を年齢別にグラフ化したものである（図7・8）。

　成長曲線は成長を評価するのに最もよい方法である。成長曲線を書くことにより，これまでの成長を考慮した現在の成長・発達状況を把握することができる。1例として，これまで標準体重や標準身長で発育してきた子どもの体重や身長が，

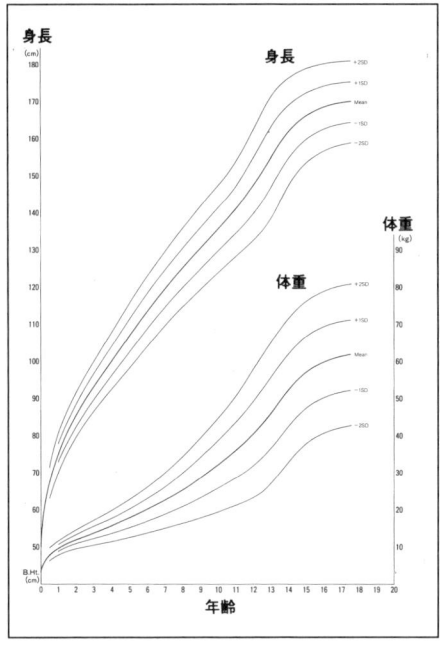
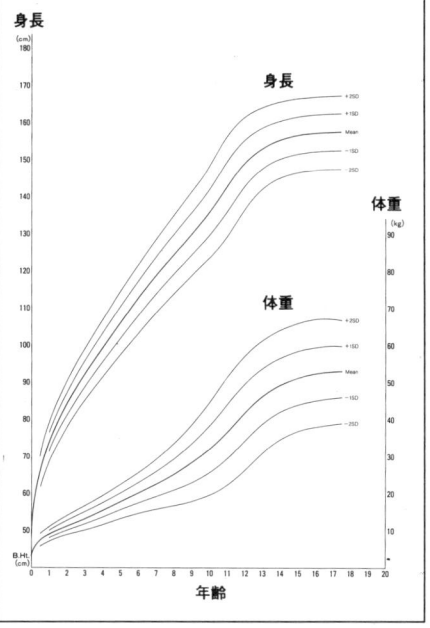

図7　男子の成長曲線　　　　　　　　　図8　女子の成長曲線

標準値より小さくなったときや逆に標準値より大きくなったときは要注意である。

　突然に標準体重より小さくなったときは，さまざまな病気の存在が疑われる。逆に，突然に標準体重より大きくなったときは，肥満になることを注意する必要がある。

　これまでに増えてきた体重や身長の延長線から大きく逸脱するようなら，小児科医の診察を受けるとよい（**図9**）。

3：骨年齢

　人の体が成長し大きくなる：身長が伸びるということは，体を構成する背骨や足の骨が成長することである。

　骨の成長は成長する場所が決まっている。多くの骨で骨の両端（骨端）にある柔らかい骨：軟骨の部分が新しい硬い骨を作り，身長を伸ばしている（**図10**）。全ての軟骨が硬い骨になり，成長が止まる時期は骨によって異なる。

　軟骨は通常のレントゲン写真に写らず，硬い骨の部分のみが白く写る。軟骨の多い成長期の幼少児期の骨のレントゲン写真は，大人に比較してレントゲン写真

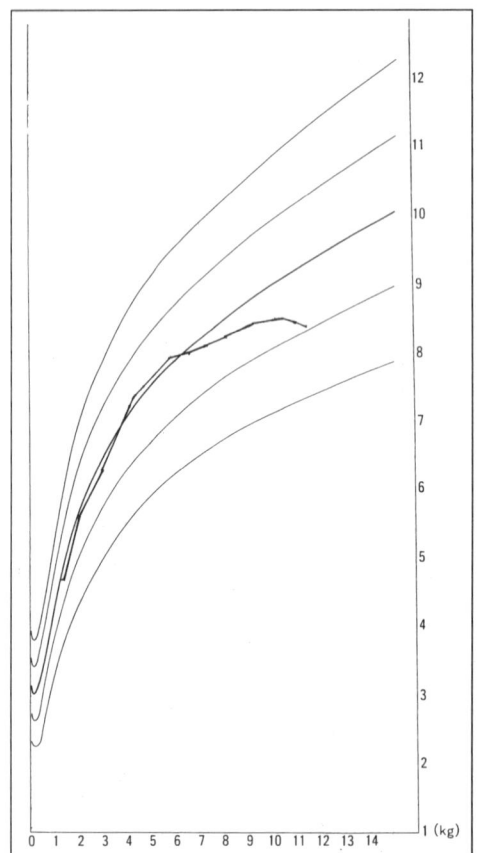

図9　成長の異常から脳腫瘍が発見された例の成長曲線

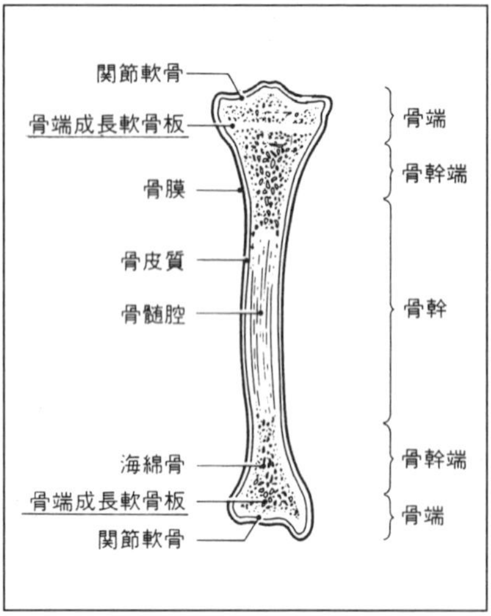

図10　骨の構造

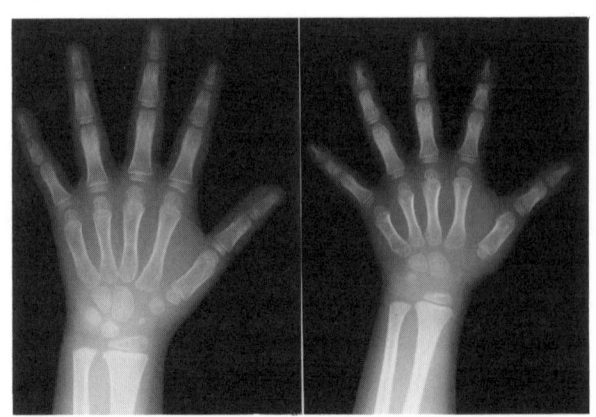

図11　5歳児の骨年齢の違い　　左：正常例，右：遅れている例

に写る骨の数が少ない。結果,骨のレントゲン写真の骨の写り方も年齢によって異なる。骨のレントゲン写真から求めた年齢を『骨年齢』という(**図11**)。『骨年齢』は通常,手の骨のレントゲン写真を撮り判定する。

正常な子どもでは暦上の年齢：歴年齢と骨の年齢：骨年齢が一致する。

D．運動能力の発達

子どもの運動能力の発達は,乳幼児期の原始反射といわれる反射的運動から知識として習得した運動まで年齢が進むとともに発達する。

1例として,宮下充正先生の走るという基本動作の研究がある。走るという基本動作は3歳くらいの子どもでは,体を地面から離すという動作のみである。年齢が進むと,体を前倒し,早く走るという動作を習得するようになる(**図12**)。

習得する動作は,適切な時期に指導を受けると低年齢の子どもでも飛躍的な

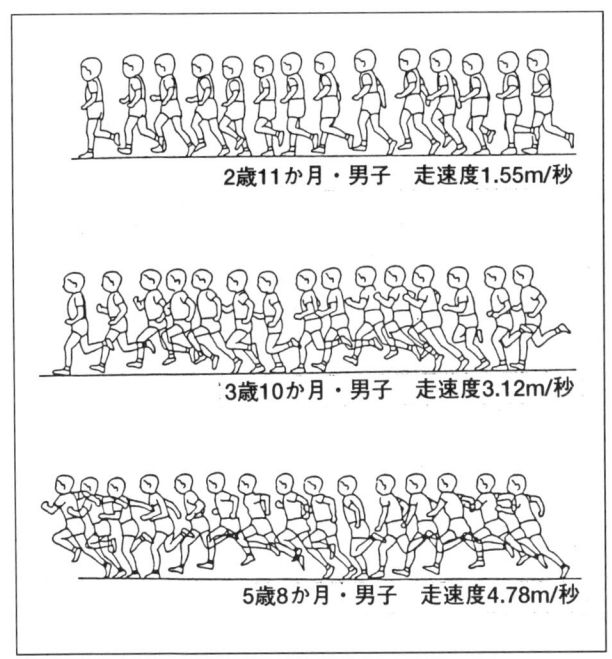

図12　年齢による走行の仕方の発達する様子（宮下充正先生の研究結果）
（武藤芳照他：子どもの成長とスポーツのしかた。築地書館,1997より引用）

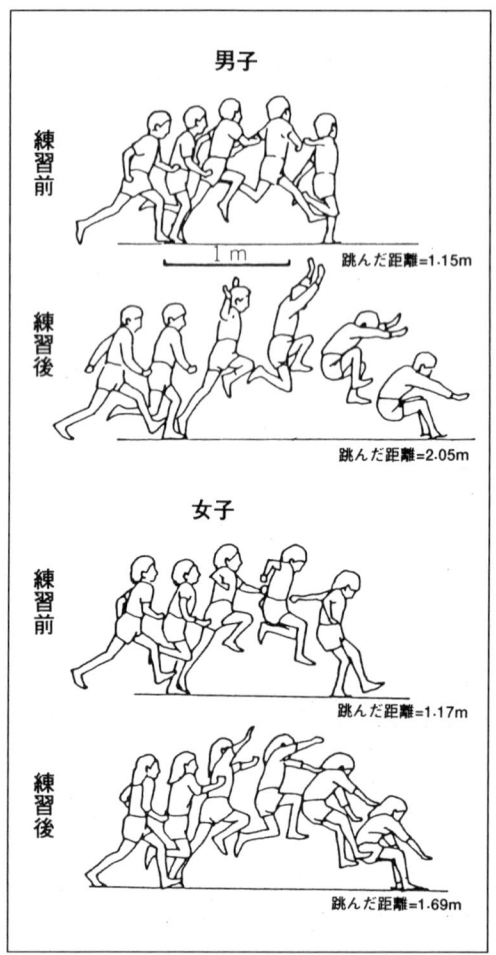

図13　6歳児における練習効果（深代千之先生の研究結果）
（武藤芳照他：子どもの成長とスポーツのしかた。築地書館，1997より引用）

進歩がみられる。深代千之先生の経験を**図13**に示したが，指導前後で著しく進歩していることが分かる。

　子どもの運動能力も日々発達する。

第3章　理想的なスポーツ指導

　運動やスポーツを愛好する子ども，保護者，学校関係者，スポーツ指導者，医師などが知っていて欲しいスポーツ医学的知識の1つに，心身が未熟で成長過程にある子どもの理想的なスポーツ指導がある。成人以上にきめ細かな指導と注意が求められる。

A．理想的なスポーツ指導

　スポーツ指導者や保護者は目先の試合の成績や結果にとらわれず，子どもの長い人生のなかで『子どもの将来を考えて今，何をしておかなくてはならないか』という観点に立ってスポーツ指導するのが『理想的なスポーツ指導』である。具体的には『子どものスポーツ指導の基本』には以下のような原則がある。
① 年齢によって目的が異なり，最適運動やスポーツ種目が異なることを考慮し，最も有効な時期に最も有効な運動やスポーツを指導する。
② 1種目でなく，数種目の運動やスポーツを行うように指導する。
③ 年齢に応じて楽しく行わせて，持続性を持たせるように指導する。
④ スポーツ障害を発生させるような無理な指導や強要をしない。不幸にもスポーツ障害が発生したら，早期治療し完治してからスポーツに復帰させる。
⑤ 食事指導や精神指導も行う。
⑥ 小学生以上の子どもでは，学校で行われる検査や学校健康診断の結果を収集し，総合的な健康管理（含むメディカルチェック）を行う。
⑦ 目先の試合の成績や成果でなく，指導時には子どもの性格を考慮し，充分に時間をかけて優しく指導する。

　具体的には，小学生の時期は技術的なことは二の次で『基本動作作り』を中心とし，中学生になって『基礎体力作り』，高校生ではじめて『筋力トレーニングや技術的な練習』をするくらいのペースがよい（図14）。
　いろいろな種目を行う1例としてサッカーを愛好する子どもでも，夏は水泳などを行い，冬にはスキーやスケートなどを行うとよい。とくに小学生や中学生の基礎体力作りの時期には，いろいろな種目の運動やスポーツを行うことが重要で

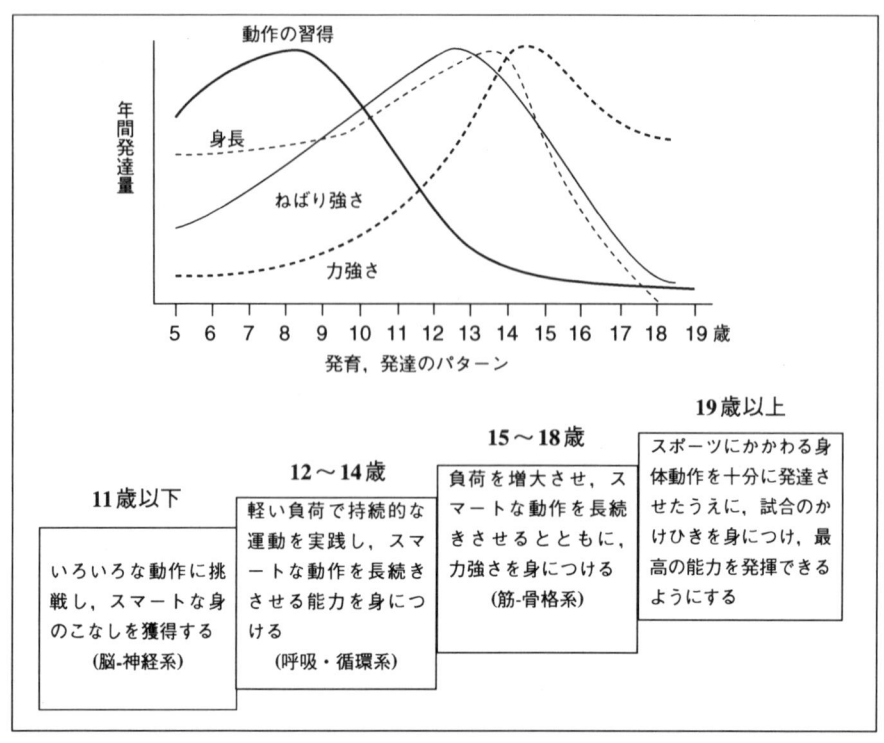

図14 発育・発達パターンと年齢別運動強化方針
（宮下充正，他：子どものスポーツ医学，小児医学19：879，1986より引用）

ある。また，いろいろな種目の運動やスポーツを行うことにより，気分転換ができ，愛好する運動やスポーツの継続性もえられるばかりでなく，チーム作り：人間関係の形成にも役立つ。

B．工夫した練習とルール

前述したような『子どもの運動やスポーツの指導の原則』があるが，子どもの運動やスポーツではルールの工夫や防具の装着や工夫も大切である。

ひと昔前の子どもの野球に『三角ベース』といって，3つしかベースのない野球がある。『三角ベース』は，場所と人数の問題を解決した子どもの知恵であり，『三角ベース』は自然発生的な子どものスポーツルールである。

一部の少年スポーツ，少年サッカーなどでは少年用のスポーツルールが作られ

ている。個人の能力，練習場所，チームの能力などさまざまな要因を考慮して，チーム独自のスポーツルールを作ることも大切である。

C．適切な防具と靴

　子ども用スポーツ防具も，さまざまな種類のスポーツ防具が市販されている。子どもが行っている運動やスポーツの防具についても勉強し，子ども達に装着するよう指導することが大切である。適切なスポーツ防具の装着は，整形外科的スポーツ障害や外科的スポーツ障害の防止に必須である。

　さらに，足にあった靴の着用も大切なことである。日本人は靴の着用の歴史が浅く，関心が少ないが，運動やスポーツでは運動やスポーツに合った上，子どもの足に合った靴の着用が大切である。

　スポーツシューズを管理したり，選ぶには4つのポイントがある。

① フィット性

　子どもの足は日々大きくなる。そこで，少なくも半年毎に足に合うか注意している必要がある。

② 衝撃緩衝性

　ランニング動作などでは，着地時に体重の3倍程度の力が加わる。体重30kgの子どもでも100kgの力が足にかかる。毎回100kgの力が足にかかるようでは，弱い関節や骨の障害が発生することは容易に想像される。そこで，子どものスポーツシューズでは衝撃緩衝性の機能を有するものがよい。

③ 屈曲性

　子どもの筋力は弱いことから，ソールの屈曲性のあるスポーツシューズがよい。目安として両手で曲げて，60度程度にシューズの前3分の1が曲がるスポーツシューズがよい。

④ 安定性

　足底の中でも，踵の安定性が最も大切である。踵がしっかり安定されるシューズを選ぶとよい。シューズを捩じってみて，形が崩れるものは好ましくない。

D．効果的な練習

　運動やスポーツの練習方法にはさまざまな方法がある。しかし，どの練習方法でも練習と適度な休養があってはじめて練習効果がでて，成績や記録も自然によ

くなる（**図15**）。今から約40年も前に，練習と適度な休養があってはじめて練習効果があがることがわかっている。

具体的には，運動やスポーツを行うと疲労が蓄積する。蓄積した疲労が完全に回復し，運動やスポーツを行いたいと思うくらいに回復した状況（超回復期）になったときに，次のトレーニングや練習を行うと，練習効果がでるというものである。蓄積した疲労が完全に回復しないうちに，次のトレーニングや練習を行うと，練習効果はみられず，疲労のみが蓄積するということである。

休養する期間は，年齢や個人の体力によって異なるが，中学生くらいで1週間に3，4日間，1日2時間くらいの集中した練習が，効果的な練習の目安である。

E．スポーツ強化

運動やスポーツが強くなるには，体力・技術力・精神力に才能（タレント）の4つの全てが必要である。さらに，試合当日の身体的，精神的コンディションをベストにしておくことも大切である。そこで，身体以外に精神面の強化，適切な

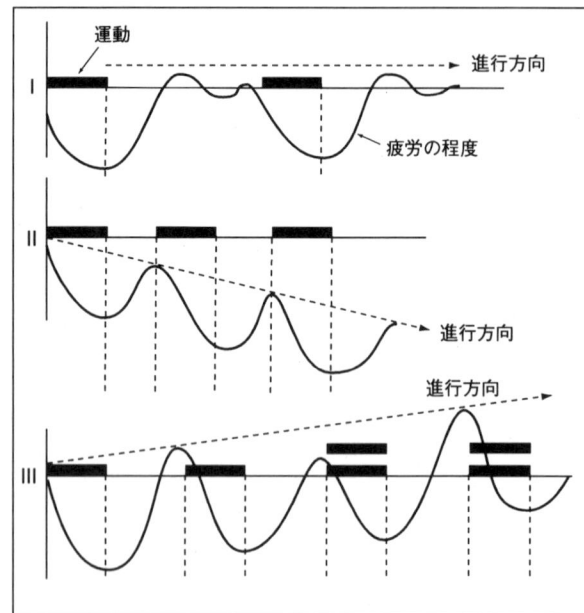

図15 回復過程のいろいろな状態でトレーニングを行った場合のトレーニング効果の差異（オーゾリン他，1966より引用）

筋力トレーニング，コンディション作り，適切な食生活などが大切である。
子どもでは当然のことであるが，禁酒や禁煙も必要である。

1．精神面の強化

運動やスポーツが強くなるには体力や技術力は当然のこと，精神的な面も大いに鍛える必要がある。体力や技術力だけでは強くなれない。

練習ではよい成績がでるが，試合で結果がでないという子どもがいる。体力向上や技術力向上の練習ばかりでなく，精神的に強くなることが大切である。わが国ではこの分野の研究や実践はまだまだ十分ではない。

著者が国際試合で経験した出来事であるが，外国選手が試合前にウォークマンでテープを聞いていたので，なにを聞いているのか興味があり，テープを聞かせてもらった。テープの内容は『お前は強い。これから始まる試合に勝てる』といった内容を，繰り返し，低い声で暗示を与えるように話しているものであった。日本選手にはあまり見られない光景で，外国選手はこんなテープを聞いて，精神統一をしていることを知った。

2．筋力トレーニング

運動やスポーツに強くなる1つの手段として筋力トレーニングが好んで行われる。筋力トレーニングは高校生くらいからはじめるのが理想的であるが，実際には中学生からはじめる子どもが多い。

低年齢で筋力トレーニングをはじめると効果がないばかりか，筋肉や関節の障害を起こす。軟骨がなくなり骨の成長が止まり，関節や骨がほぼ完成する15〜17歳（高校生）から徐々に筋力トレーニングをはじめるのが望ましい。

具体的な筋力トレーニング計画の作成にあたってはトレーニング強度，1回に何時間するか（時間），1週間に何日するか（頻度），鍛える筋肉は，トレーニング方法などが問題になる。さらに，個人の現在の筋力も問題になる。

トレーニング強度は，個人が1回だけ持ち上げられることができるバーベルなどの重さ（1RMという）の70％前後の重さ：強度が用いられる。筋力トレーニングは8〜10RM（個人が8〜10回持ち上げることができる重さのものを用いる）を1セットとして行うことが平均的で，1セットから開始し，2〜3セットと回数を増やしていくのが原則である。

中学生では，道具や機器を用いると強度オーバーになってしまうことがある。そこで腕立て伏せ，懸垂，手押し車，組体操などの自分の体重を利用した筋力ト

レーニングが勧められている。

　1回に何時間するか（時間），1週間に何日するか（頻度）は，基本的には少しずつ増加させるようにする。週に2，3回，1日に数10分から開始し，最終的には週に4，5回行うように計画する。

　鍛える筋肉は，行っているスポーツ種目によって異なるが，基本的には大きな筋肉の筋力トレーニングからはじめ，小さな筋肉の筋力トレーニングへと移していく。具体的には腹筋，背筋，大胸筋，広背筋などからはじめる。筋力トレーニングは専門的な知識と経験が必要で，無計画，無指導下に筋力トレーニングを行うことは，効果が全く出ないうえ，骨や関節の障害を発生させてしまうことさえある。子どもが筋力トレーニングを行うときには，専門のインストラクターまたは筋力トレーニングについて勉強したスポーツ指導者の指導の下で行う必要がある。

　トレーニング現場では以下の点に注意する。
① 開始前に用いる機器の点検，整備をきちんと行うこと。
② 介助者または補助者をつけること。
③ 正しい姿勢や正しい方法で行うこと。
④ 関節痛や筋肉痛などがみられたら，軽微なうちにスポーツ整形外科医などの専門医を受診して，障害の早期発見・早期治療を行うこと。

3．生理のコントロール

　女子では月経周期とコンディションは大いに関係するため，大切な試合などを控えているときには，月経周期を変更せざるをえないことがある。

　通常，月経終了後から月経と月経の真ん中くらいまでの期間は比較的コンディションがよく，月経前1週間から月経終了までは比較的コンディションの悪い女性が多い（図16）。比較的コンディションの悪い時期を司るホルモンは，黄体ホルモンではないかと推論されている。

　月経周期とコンディションの間に関係があることより，大切な試合があるときには，2，3カ月前から月経周期を調節しておくことが望ましい。大切な試合の間近になって，急にホルモン剤を服用して月経を遅らせることは，黄体ホルモン期を持続させるだけで，コンディションの悪化に結びつく可能性がある。

　生理中の運動やスポーツについては以下のような指導がされている（表5）。
① 月経中はコンディションが悪かったり，集中力が低下する女子が多く，怪我や事故の発生に注意する。

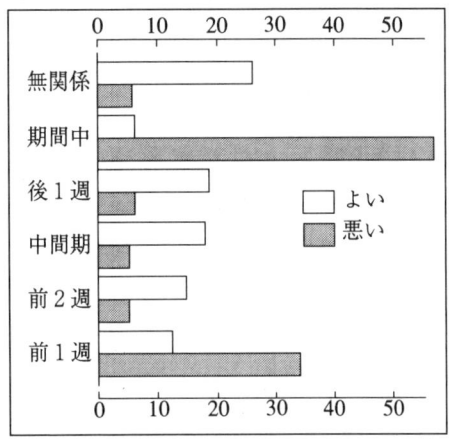

図16 月経周期とコンディション（目崎　登：女性のスポーツ医学，中外医学社，1989より引用）

表5　月経とスポーツ活動の注意

	月経期間中の運動について	
	水泳	陸上スポーツ
小学生	強制的に行わせるべきではない。	問題は少ないと思われる。
中学生 高校生	経血量の減少後，生理用品は使用しない。内装具は高校生以上を原則とする(水泳時にかぎる)。	外装具の使用を原則とする。 ＊経血量減少，月経痛軽快後が望ましい。 ＊軽い内容とする。
	月経期間中のスポーツ選手の活動	
	水泳	陸上スポーツ
小学生	強制的に行わせるべきではない。	規制する必要はない。外装具を使用する。
中学生 高校生	規制する必要はない。外装具の使用を原則とする(経血量が多いときは，スポーツ活動時にかぎって内装具を使用する)。 ＊トレーニング内容は無理をさせない軽い内容とする。	

内装具：タンポンのこと，外装具：ナプキンのこと。（日本産婦人科学会資料より引用）

② 経血量の多い日には軽い運動にしておくこと。
③ 月経に伴うその他の症状の強い場合には無理をしない。
　女子の場合には生理とスポーツコンディションに関する知識も大切なスポーツ医学的知識の1つである。

4．生活上の注意

　運動やスポーツを行っていたら『健康』と思っている運動やスポーツを愛好している子ども，保護者，学校関係者，スポーツ指導者が多い。しかし，『運動やスポーツのやり過ぎ』が気づかないうちに体を蝕んでいることは前述したとおりである。

　運動やスポーツを行っている子どもを持つ保護者は，食生活の注意が必要である。ときに昼食はファーストフード，夕食は外食や既製品のみという食生活で，運動やスポーツを愛好している子どもがいる（**表6**）。このような食生活では『スポーツ貧血』を招くばかりでなく，運動やスポーツに必要な筋肉もつかず，運動やスポーツの効果や成績もあがらない。

　運動やスポーツを行うと運動やスポーツを行わない子どもよりエネルギー（カロリー），各種のビタミン・カルシウム・鉄分・ミネラルなども余分に必要である（**表7**）。

　運動やスポーツを行って健康体になるためには，食生活にも注意しないと，強くも，健康体にもなれない。

　最後に，運動やスポーツを愛好している子どものなかには，喫煙や飲酒が常習化している子どもがいる。喫煙や飲酒をしながら運動やスポーツを行っても強くも，健康体にもなれない。

　著者が経験した事例を紹介する。

　　　　患者さんは，中学2年生の男子生徒。『走ると苦しくなる』といって外来に来た。近くの先生の所で血液検査を受けたが『正常』といわれている。しかし，『走ると苦しくなる』ことがよくならないので著者の外来にきた。胸部レントゲン写真や心電図などの心臓の検査をしても，血液の検査をしても異常は見当たらなかった。苦しくなるということで肺の機能を検査してみた。結果は驚くべきことにヘビースモーカーを疑わせる所見がみられた。詰問すると，1日に60本も煙草を吸うことがわかった。保護者も，自分の子どもの喫煙については全く知らず，下の前

表6 最近の子どもたちの好きな食べ物

オ：オムレツ	ハ：ハンバーグ
カ：カレーライス	ハ：ハムエッグ
ア：アイスクリーム	キ：ギョウザ
サン：サンドイッチ	ト：トースト
ヤ：焼き飯，焼そば	ク：クリームスープ
ス：スパゲッティ	
メ：目玉焼き	

（「お母さん休め，母危篤」となる）

表7 持久的スポーツ種目，瞬発的スポーツ種目，および一般成人とを比較したビタミンとミネラル所要量

	ビタミンとミネラル	持久的	瞬発的	一般成人
ビタミン	A (mg)	2〜3	2〜3	0.8
	B1 (mg)	6〜8	6〜8	1.5
	B2 (mg)	6〜8	8〜12	1.8
	B6 (mg)	6〜8	10〜15	2.0
	B12 (μg)	5〜6	5〜6	3.0
	ナイアシン	20〜30	30〜40	20
	C (mg)	400〜800	300〜500	60
	E (mg)	30〜50	20〜30	15
ミネラル	食塩 (g)	15〜25	15〜20	4〜6
	カリウム (g)	4〜6	4〜6	1.0
	マグネシウム (g)	0.5〜0.7	0.5〜0.7	0.3〜0.4
	カルシウム (g)	1.8〜2.0	2.0〜2.5	1.0〜1.5
	リン (g)	2.0〜2.5	2.5〜3.5	1.5
	鉄 (mg)	30〜40	30〜40	10〜15
	亜鉛 (mg)	15〜20	20〜30	10〜15

歯の裏には黒いヤニが着いていた。禁煙指導をして帰宅させ，数カ月後には『走ると苦しくなる』ということがなくなった。

中学生・高校生男子の喫煙率は高く，中学1年生男子の喫煙経験者は約25％，常習喫煙者は約1％で，高校3年生男子の喫煙経験者は約50％，常習喫煙者は約20％もいる。女子でも中学1年生女子の喫煙経験者は約10％，常習喫煙者は

表8 中学生・高校生の喫煙状況 (%)

学校群	男子		女子	
	日常喫煙者	喫煙経験者	日常喫煙者	喫煙経験者
中学1年生	0.8 %	23.3 %	0.5 %	8.8 %
中学2年生	1.9 %	27.8 %	0.6 %	12.4 %
中学3年生	4.8 %	33.5 %	1.5 %	15.0 %
高校1年生	8.1 %	37.6 %	1.1 %	12.1 %
高校2年生	14.6 %	42.6 %	3.0 %	17.9 %
高校3年生	20.3 %	52.4 %	2.6 %	16.9 %

(箕輪眞澄 他：日本医師会雑誌 111：913, 1994 より引用)

約1％で，高校3年生女子の喫煙経験者は約20％，常習喫煙者は約3％という資料がある (**表8**)。現実はこれ以上の頻度と推定される。

運動部の練習の帰り道に，自動販売機から缶ビールを買ってビールを飲んでいる中高校生の姿はよくみかけるように，高校生の3％がアルコール中毒（依存症）という資料もある。

繰り返すが，運動やスポーツは，無理な練習や試合をすると関節や骨の障害を起こしたり，オーバートレーニングとなり体を壊す以外に，適切な食生活，禁煙，禁酒など生活全体の管理を行わないと，運動やスポーツの効果や成績もあがらないうえ『体や心の障害を起こす』ことを知っておく必要がある。

第4章　乳幼児のスポーツ医学

　子ども達の運動やスポーツは，小学校や中学校に行くようになり，本人または保護者の勧めではじめられることが多い。保護者のなかには，乳幼児期から運動やスポーツをはじめたいと希望する保護者もいる。素晴らしいことである。
　乳幼児期の運動やスポーツは学童期と異なり，組織的に行われることはないが，乳幼児期の最も一般的な運動やスポーツとしてはベビースイミングと赤ちゃん体操が行われている。

A．ベビースイミング

1．歴史

　南太平洋の島々の人達は，昔から赤ちゃんを海で水浴や水遊びをさせ，またギリシャやローマ帝国時代にもベビースイミングが行われていたという記録がある。
　本格的なベビースイミングは，アメリカ合衆国西海岸・フロリダ州，オーストラリアなどではじめられた。アメリカ合衆国西海岸やオーストラリアには，庭にプールが備えつけられている家が多く，プールに落ちて溺死する子どもが少なくなかった。アメリカ合衆国西海岸やオーストラリアに住む人々は，プールに柵をしたり，プールの水を抜いたりするより，乳幼児に水泳を覚えさせれば，乳幼児の溺死事故が防げると考えたのである。これがベビースイミングのはじまりである。
　具体的には今から約70年くらい前の1931年頃，アメリカ人のクリスタル・スカボロー夫人によってはじめられた。クリスタル・スカボロー夫人のスイミングスクールには，故ルーズベルトアメリカ大統領のお子さんも通っていた。
　厳密には2歳までの水泳をベビースイミング（インファントスイミングとも呼ばれる）というが，日本では通常，生後6ヵ月から満3歳までの水泳をベビースイミングと呼んでいる（**図17**）。
　現在，日本では1000カ所くらいのスイミングスクールでベビースイミングが指導されている。

図17-A　ベビースイミングを楽しんでいる様子（林夕美子氏提供）

図17-B　ベビースイミングを楽しんでいる様子（高野幸子氏提供）

2．問題点

　アメリカ合衆国西海岸・フロリダ州，オーストラリアなどで始められたベビースイミングにも悲しい過去がある。それは，一時期『アメリカ小児科学会』がベビースイミングを禁止したことである。ベビースイミング禁止の理由は，① 水中毒の危険性がある，② 感染症にかかる危険性がある，③ 効果がないの3つであった。

　『水中毒』とは，水を大量に飲んだ結果，血液が薄まり，脳に浮腫が起こりケイレンを起こす病気である。

　水を大量に飲んだことが原因することから，『水中毒』を起こした子どもは，体重が異常に増加している。そこで，ベビースイミング前後に体重測定をすれば，どのくらいの量の水を飲んだかわかり，『水中毒』を予知することができる。著者も"ベビースイミングを行うと子どもがどのくらいの量の水を飲むのか"調査してみた。対象の子どもの数は1368人で，0歳児が100人，1歳児が468人，2歳児が804人で，延べ3968回の体重測定を行った。

　その結果，5人と数は極く少ないが，ベビースイミング前よりベビースイミング後に体重が500gも増加していた子どもがいた（**表9**）。体重が500gも増加したことは，500ccの水を飲んだことになる。たしかにベビースイミングを行うと，大量の水を飲んで『水中毒』を起こす危険性があることがわかった。

　これまでにベビースイミングで『水中毒』を起こした事例が世界で3人報告されている（**表10**）。『水中毒』を起こした3人に共通した異常は，長い入水（練習）時間であり，最も長い入水（練習）時間の子どもは，1時間も入水（練習）していた。

表9 ベビースイミング前後の体重の変化

1歳代児 (468名)

	増減量	男児	女児	計	
体重減少例	－500 g	1人	1人	2人	12人（52.2％）
	－400 g				
	－300 g	1人	2人	3人	
	－200 g	1人	1人	2人	
	－100 g	3人	2人	5人	
体重増加例	＋100 g	1人	5人	6人	11人（47.8％）
	＋200 g		1人	1人	
	＋300 g				
	＋400 g				
	＋500 g	2人	2人	4人	
	計	9人	14人	23人	

2歳代児 (804名)

	増減量	男児	女児	計	
体重減少例	－500 g	3人	7人	10人	29人（70.7％）
	－400 g		1人	1人	
	－300 g	2人	1人	3人	
	－200 g	2人	3人	5人	
	－100 g	6人	4人	10人	
体重増加例	＋100 g	2人	2人	4人	11人（26.8％）
	＋200 g	6人		6人	
	＋300 g				
	＋400 g				
	＋500 g	1人		1人	
	計	23人	18人	41人	

表10 水中毒の報告例

症例	月齢(性)	入水時間	推定飲水量	症状
1	10か月 (男児)	45分間	800 ml	不機嫌, 嘔吐(大量の水), 全身痙攣
2	5か月 (女児)	40分間	—	不機嫌, 嘔吐, 低体温(35.5℃), 全身痙攣
3	11か月 (女児)	60分間	450 ml	不機嫌, 意識障害, 嘔吐, 低体温(35.3℃), 全身痙攣

これら2つの事実を合わせると，適当な入水（練習）時間を守り，ベビースイミング前後に体重測定を行い，異常に体重の増加した子どもを発見し，注意すれば『水中毒』は確実に早期発見できることがわかった。

『水中毒』の治療は，早期発見と早期診断をすれば難しくなく，防止策がわかれば『水中毒』も恐ろしいことはない。

次に問題になった感染症罹患の危険性についても検討してみた。対象児は0歳児，1歳児，2歳児のそれぞれ8人（男児5人，女児3人），18人（男児10人，女児8人），23人（男児15人，女児8人）の計49人（男児30人，女児19人）である。これらを対象に6カ月間，罹患した感染症についてベビースイミングに来所したときに問診した。

結果，0歳児は平均0.9回（0～3.5回），1歳児は平均5.1回（0～12回），2歳児は平均1.7回（0～4.5回）の頻度で感染症に罹患していた。乳幼児の年間感染症罹患回数は6～7回といわれていることから，ベビースイミングを行っている乳幼児が，とくに感染症にかかりやすいということはなかった。

3．効果

最後の問題点『ベビースイミングの効果』であるが，『アメリカ小児科学会』は過去に『ベビースイミングは効果がない』という理由でベビースイミングを禁止した。目にみえる効果がなければ，運動やスポーツを行ってはいけないのか？，全ての運動やスポーツは行えば，目にみえる効果があるのか？ということがある。

ベビースイミングは，基本的には『楽しむこと』であり，以下のような目的と効果がある。

①母子の触れ合いを強くし，育児が楽しくなったり，育児に自信ができる。
②水に慣れ親しむ。
③成長・発達を促進する。
④水の事故から身を守る手段が身につく。
⑤生涯スポーツの基礎となる。

わが国でも，風呂桶などに転落して溺死する乳幼児は少なくない。最近の資料では1～4歳の死亡原因で一番多いのは不慮の事故である（**表11**）。

1994年（平成6年）の1～4歳の不慮の事故で死亡した子ども561人中209人（37.3％）が溺死で，209人の内容は0歳児が31人，1歳児が114人，2歳児が20人，3歳児が21人，4歳児が23人であった（**表12**）。

わが国では風呂桶の水を抜くこと，風呂場に近づけないなどの溺死予防策が提

表11 死因の順位

年齢	第1位 死因	死亡数	第2位 死因	死亡数	第3位 死因	死亡数
0歳	先天異常	1825人 (34.7)	出産時外傷等	950人 (18.1)	不慮の事故	320人 (6.1)
1～4歳	不慮の事故	561人 (29.1)	先天異常	322人 (16.7)	悪性新生物	160人 (8.3)
5～9歳	不慮の事故	432人 (38.3)	悪性新生物	195人 (17.3)	先天異常	95人 (8.4)
10～14歳	不慮の事故	253人 (23.6)	悪性新生物	213人 (19.9)	心疾患	83人 (7.7)

( )：%

表12 不慮の溺死の種類別死亡数 (1995年)

年齢	0歳	1歳	2歳	3歳	4歳	5～9歳	10～14歳
不慮の溺死	31人 (100.0)	114人 (100.0)	20人 (100.0)	21人 (100.0)	23人 (100.0)	122人 (100.0)	52人 (100.0)
レクリエーション中	—	—	—	—	—	34人 (27.9)	28人 (53.8)
浴槽の中	25人 (80.6)	88人 (77.2)	3人 (15.0)	6人 (28.6)	3人 (13.0)	9人 (7.4)	7人 (13.5)
その他	6人 (19.3)	26人 (22.8)	17人 (85.0)	15人 (71.4)	20人 (87.0)	79人 (64.8)	17人 (32.7)

( )：%

言されているが，アメリカ合衆国など欧米諸国の予防策とは大いに異なる。

『アメリカ小児科学会』が過去にベビースイミングを禁止したことから，今でも日本の一部の小児科医は，ベビースイミングを禁止している。『アメリカ小児科学会』はベビースイミングの禁止を解除しており，ベビースイミングの禁止が解除された今日，ベビースイミングを禁止する理由は何もない。

4．海外の状況

ベビースイミングは，わが国でも盛んになってきたが，欧米ではより盛んに行われている。ベビースイミングが活発に行われている代表的な国としてはアメリカ合衆国，オーストラリア以外に，メキシコ，スウェーデン，フィンランド，カ

図18　ベビースイミング国際会議（第1回東京大会）の様子　（林夕美子氏提供）

ナダ，ドイツ，フランスなどがある。

　最近ではベビースイミングに関する国際組織もでき，2，3年毎に国際学会も開かれている（**図18**）。第1回目の国際学会は1990年（平成2年）に日本・東京で，第2回は1993年（平成5年）にアメリカ合衆国・ロスアンゼルス，第3回は1995年（平成7年）にオーストラリア・メルボルンで開かれ，第4回は1997年（平成9年）にメキシコ・オハカ，第5回は1999年（平成11年）にフランス・ツールーズで開催された。

　ベビースイミングに関する国際学会には，毎回，多数の欧米の小児科医が参加しているが，残念なことに，わが国の小児科医の参加は皆無である。欧米の小児科医は，ベビースイミングを積極的にサポートしている。

　当然のこと，インストラクターは多数参加している。毎回，わが国からも数10人のインストラクターが参加し，研究成果を発表をしたり，勉強をしている。

　1995年（平成7年）にオーストラリア・メルボルンで開催された第3回目の国際会議の代表的研究発表の内容は**表13**のようであった。

5．障害児のトレーニング

　ベビースイミングは，身体的ハンディキャップを持った子ども達の身体トレーニングの1つとしても行われている。スイミングスクールの理解，経済的問題，指導者の数の不足などの問題のため，わが国ではまだまだ極く一部のスイミング

表13　1995年第3回国際会議の代表的発表内容 (カッコ内は発表者名と国名)

・ベビースイミング：50年代から現在までの歴史的展望 (バージニア・ハント・ニューマン：アメリカ)
・乳幼児の発育初期における運動神経発達について (宮下充正：日本)
・運動神経発達原理の実用的な応用方法につて (林夕美子：日本)
・幼児の発達に適正な練習方法について (ステファン・ランゲンドルーファー：アメリカ)
・オーストラリアにおける乳幼児の水に関する指導について (ラウリー・ローレンス：オーストラリア)
・水の安全性と乳幼児の自立について (デェニー・バン・ダイク：オーストラリア)
・カナダにおける1～4歳児の溺れについて (シャロン・クローリー：カナダ)
・幼児のアクアティック指導方法について (エリカ・ファーストリッヒ：ドイツ)
・障害児と保護者について (クラエル・ジルババーグ：フランス)

スクールでしか行われていない。また指導者は一般のベビースイミング指導より高度の技術が必要で，今後，指導者の数が増え，広く普及することが望まれる。

6．理想的なベビースイミング

全国で約1000施設のスイミングスクールでベビースイミングが行われていることもあり，全てのスイミングスクールで理想的なベビースイミングが行われているとはいえない。これまでの研究や経験で判明している理想的なベビースイミングの条件を列挙する。

① 入水（練習）時間：30分。
② 開始年齢：生後6カ月から開始する。
③ 水温：30℃前後。
④ 1週間の練習回数：2～3回。
⑤ 1クラスの人数：20人。
⑥ インストラクターの数：2組の母子に1人のインストラクター。
⑦ ベビースイミング前後に体重測定を行い，水中毒の予防を行っている。
⑧ インストラクターの質：ベビースイミング専任のインストラクターがいる。
⑨ 指導方法：親子指導（親子で入水して，インストラクターの指導のもと，ベビースイミングを楽しみ，習得する方法）が原則。

7. 入会前の注意

わが国でも盛んになったベビースイミングであるが，スイミングスクールにより差があるのが実情である。

そこでベビースイミングに通う前には，最小限度，通う赤ちゃんがベビースイミングを行うと悪化するような病気や障害となるような病気をもっていないか，小児科医に確認してもらう必要がある。さらに，実際にベビースイミングを指導されている様子をみたり，以下のようなスイミングスクールに関する調査や確認を行ってから通ってほしい。

① 理想的なベビースイミング指導が行われているか。
② 経済的負担がないか。
③ ベビースイミング専用の時間帯を設け，専任のインストラクターがいるか。
④ 小児科医か，スポーツ医がスイミングスクールの顧問医としているか。
⑤ 優しい指導が行われているか。
⑥ 施設内が清潔で，水温や室内の保温が十分か。

B．赤ちゃん体操

ベビースイミングと並んで，乳幼児の運動に赤ちゃん体操がある。赤ちゃん体操は生後2カ月過ぎから行われ始め，1歳頃まで行われる体操（**表14**）であるが，日本の小児科医は赤ちゃん体操を積極的に勧めることは少ない。

赤ちゃん体操の原点はドイツで，日本でも太平洋戦争以前から細々と行われていた。一時期，ベビースイミング同様に小児科医や日本小児科学会の批判や反対にあい，普及することはなかったが，1967年（昭和42年）頃から本格的に普及しはじめた。

赤ちゃん体操は，赤ちゃんの機嫌がよく，体調のよいときに，遊び感覚で，親と子どもが楽しく，無理なく行えばよいものである。『体と心の対話』であるということが大切で，目にみえる効果は二の次でよい。

最近の若い母親は育児に自信がなく，ときには問題ある育児を行っている母親も少なくない。乳児期から幼児期のベビースイミングや赤ちゃん体操は，運動自体の効果より，育児仲間ができ，育児が楽しくなる効果のほうが大きいといっても過言ではない。

表14 赤ちゃん体操

段階	A段階の運動	B段階の運動	C段階の運動	D段階の運動	E段階の運動
I 腹這いで持ち上げた時頭を水平に保つ頃 (満2カ月頃)	腕の交叉 腕交叉、片腕、次に両腕を曲げる	足の交互屈曲 片脚ずつゆっくり曲げる	あお向きかかえ上げ(1) あお向きで、頭をつけたままかかえ上げる		うつ向きかかえ上げ(1) うつ向きで、頭をつけたままかかえ上げる
II あお向きから引きおこした時頭がついてくる頃 (満3カ月頃)	腕横水平上げ下ろして交叉 曲げた腕を水平までのばして曲げる	足の交互曲げ伸ばし 片脚ずつ曲げて、伸ばさせる	あお向きかかえ上げ(2) あお向きで、頭が離れるまでかかえ上げ	横向きかかえ上げ(1) 横向きで、頭をつけたままかかえ上げる	うつ向きかかえ上げ(2) うつ向きで、頭が離れるまでかかえ上げ
III 首がすわる頃 (満4カ月頃)	腕前水平上げ下ろして交叉 腕を前から真上に上げて降ろして曲げ	両足同時曲げ伸ばし 両脚を曲げて、伸ばさせる	あお向き起上り 肘の上を支えて、お座りの姿勢まで引き起こす	横向きかかえ上げ(2) 横向きで、頭が離れるまでかかえ上げ	両肩支え反り返り 両肩を支えて、反り返らせる
IV 寝返りする頃 (満6カ月頃)	腕の円運動 腕を前から真上にあげて、水平におろす	キック移動(1)(両足で) 足を支えて、頭の方へずり上がらせる	手支え起上り 手首を支えて、お座りの姿勢まで引き起こす	ななめ抱き 横向きで、腰までかかえ上げる	ヒコーキ 広げた両手のひらを支えて、反り返らせる
V 支え立ちの頃 (満8カ月頃)	つかまり立ち、吊り下げ 手を持って引き上げ、ぶら下がる	キック移動(2)(片足で) 片足ずつ支えてずり上がらせる	手支え起上り 両手首と両足首を支えて、お座りの姿勢まで引き起こす	横抱き 横向きで、全身をかかえ上げる	反り返り 両腕を後に回して、反り返らせる
VI つかまり立ちの頃 (満8カ月頃)	自力ぶら下がり 自力でぶら下がらせる	高上げキック 親の手をキックさせ、親の手を高くしていく	自力起上り 足を支えて、自力でお座りの姿勢まで起き上がらせる	横起き 横向きで、全身をかかえ上げる	自力反り返り 自力で反り返らせる

段階	F段階の運動	G段階の運動	H段階の運動	I段階の運動	J段階の運動
I 腹這いで持ち上げた時頭を水平に保つ頃 (満2カ月頃)	体ねじり(1) 肘の上を支えて、肩が床から離れるまでねじる				
II あお向きから引きおこした時頭がついてくる頃 (満3カ月頃)	体ねじり(2) 両脚を支えて、骨盤をねじり、背、肩が自然にまわるのを待つ	膝に体重のせてつうぶせにして、膝をお腹の下に入れる		さか立ち準備 うつぶせで、両足首を持ち上げる	高い高い
III 首がすわる頃 (満4カ月頃)	やきいもゴロゴロ 足首を支えて、肩、腰とまわるのを待つ	よつばい(おしりコチョコチョ) 膝をお腹の下に入れて、お尻をくすぐる(刺激する)	全身の上下 うつぶせで、両足首とお腹を支えて上下する	立ち抱きゆらゆら(1)(首を支えて) 抱っこして、首を支えてゆらす	振り子
IV 寝返りする頃 (満6カ月頃)	寝返り(1) 自力で寝返りさせる	はらばい前進 お腹を床につけてのハイハイ	さか立ち(1)(頭をつけて) 寝た姿勢から、頭をつけたままでさか立	立ち抱きゆらゆら(2) 抱っこして、腰を支えてゆらゆらさせる	
V 支え立ちの頃 (満8カ月頃)	寝返り(2)(抵抗を与える) 寝返りするのを少し邪魔する	高ばい前進 腰を上げてのハイハイ	さか立ち(2)(手で支えさせて) 頭が離れるまでのさか立	立たせてゆらゆら 立たせて、手を持ってゆらゆらさせる	ジャンプ
VI つかまり立ちの頃 (満8カ月頃)		でんぐり返し さか立ちからのでんぐり返し	しゃがみ立ち上がり しゃがませて、手を持って立たせる		

第5章　水泳の医学

　わが国でもスポーツ医学の研究が進んできている。わが国でもこれまでにさまざまなスポーツ医学の研究成果があるが，ここでは水泳の医学を中心に著者の研究結果の一部を紹介する。

　以前は水泳がどのくらい心臓に負担をかけるかは，ほとんどわかっていなかったが，著者が20年程前に水泳中に心電図を記録することができる装置を開発してから，水泳中の心臓にかかる負担もわかるようになった（**図19・20**）。

A．水中スポーツの特徴

　水泳など水中スポーツと地上のスポーツでは，以下のような体にかかる負担の違いがある（**図21**）。

① 体が冷える。

　地上の運動やスポーツでは，活動すると体温は上昇し，暑くなる。しかし，水泳は体温より低い水温で泳ぐことより，長く水泳したり，冷たい水の中で水泳を行うと体温は低下する。

② 呼吸に制限がある。

　地上の運動やスポーツでは，活動すると呼吸は早くなる。しかし，水泳中に無

図19　水泳中の心電図を記録する装置を装着した様子

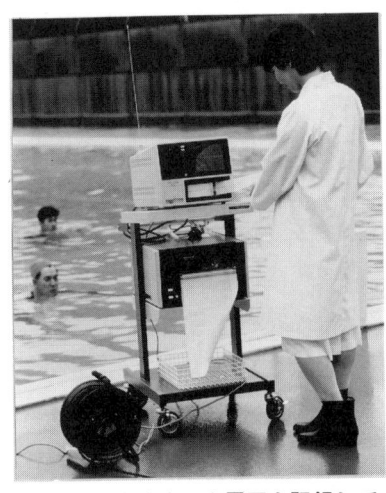

図20 水泳中の心電図を記録している様子

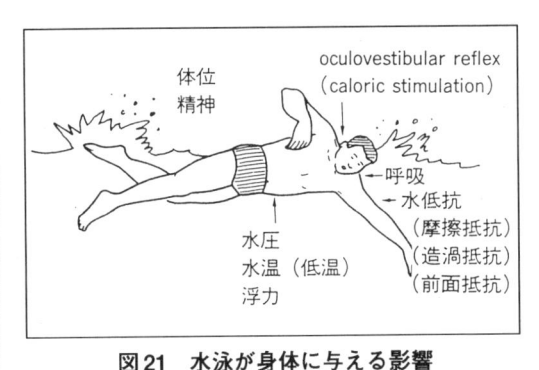

図21 水泳が身体に与える影響

oculovestibular reflex（caloric stimulation）：冷たい水が耳の穴に入ると眼振やめまいを誘発する。

闇に呼吸すると水を飲んでしまうことになり，どうしても呼吸に制限が生じる。

③ 水圧や浮力がかかる。

地上の運動やスポーツは1気圧の下で行われるが，水泳は浮力や水圧が体にかる。最近流行している水中歩行は，この浮力を利用することによって膝関節や足関節にかかる体重の負担を軽減した運動である。

④ 横になった姿勢で行う。

地上で行う運動やスポーツの大部分は立って行われるが，水中運動や水中スポーツの大部分は横になった姿勢で行われる。

⑤ 精神的に不安定になる。

人は足が地上に着かない状況になると不安が生じる。さらに，俗に『金槌』といって泳げない人がいる。『金槌の人』を，ボートで池の真ん中に連れて行くと，不安がる。水泳は教えてもらわないとできないスポーツであり，泳げない人にも，泳げる人にも精神的に不安を与えるスポーツである。

⑥ 迷走神経反射が起こる。

自律神経には心拍数を早くする交感神経と心拍数を遅くする副交感神経（迷走神経）がある。潜水すると副交感神経（迷走神経）が活動し，心拍数が遅くなり『潜水性徐脈』と呼ばれる徐脈がみられる。水中の運動やスポーツでは交感神経と副交感神経（迷走神経）の2つの神経が刺激される。

B．潜水性徐脈

『潜水性徐脈』は，健康な成人でも小児でもみられ，健康な成人でも小児でも潜水すると心拍数は，潜水前の心拍数の約半分に減少する。

健康な成人では潜水前の心拍数は毎分約100拍前後であるが，平均27〜28秒の潜水し，苦しくなって浮き上がる直前になると心拍数は潜水前の半分の毎分約50拍に減少する。この現象は健康な小児でもみられる（図22・23）。

潜水性徐脈は心拍数を減らすことにより心臓の筋肉の酸素消費量が少なくなり，潜水という酸素が十分に供給されない環境ではメリットになる。

地上で行う運動やスポーツでは，運動やスポーツをすると交感神経が働き，心拍数は増加する。年齢により増加する心拍数には限界があり，子どもでは毎分180〜200拍くらいまで増加する。しかし，水泳など水中スポーツでは副交感神経（迷走神経）の働きにより『潜水性徐脈』が起こり水泳中と地上の運動やスポーツ中の心拍数の推移は異なってくる。地上のスポーツの代表であるマラソンでは心拍数はほぼ一定に推移するが，水泳中の心拍数は『潜水性徐脈』の影響もあ

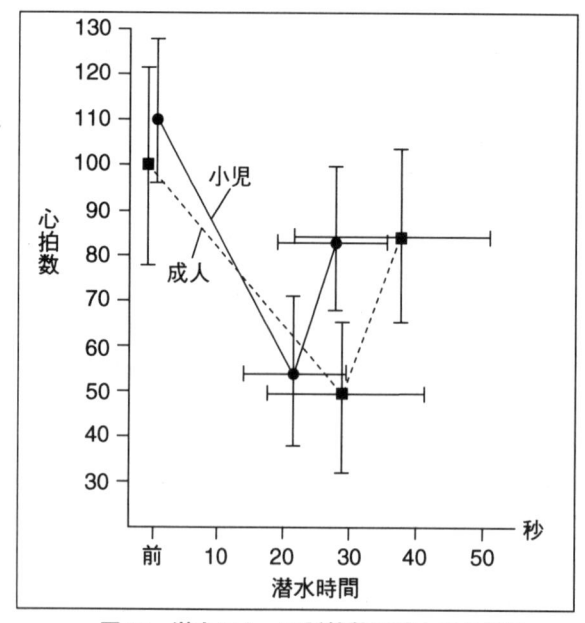

図22　潜水によって脈拍数が減少する様子

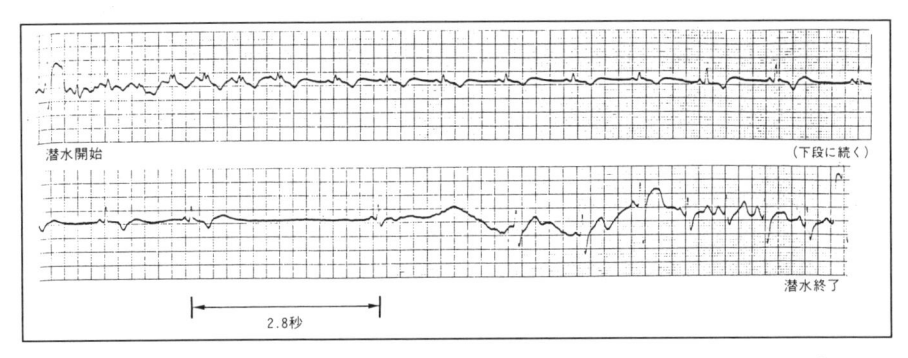

図23　潜水性徐脈として2.8秒も心停止をみた健康な男児（中学1年生例）

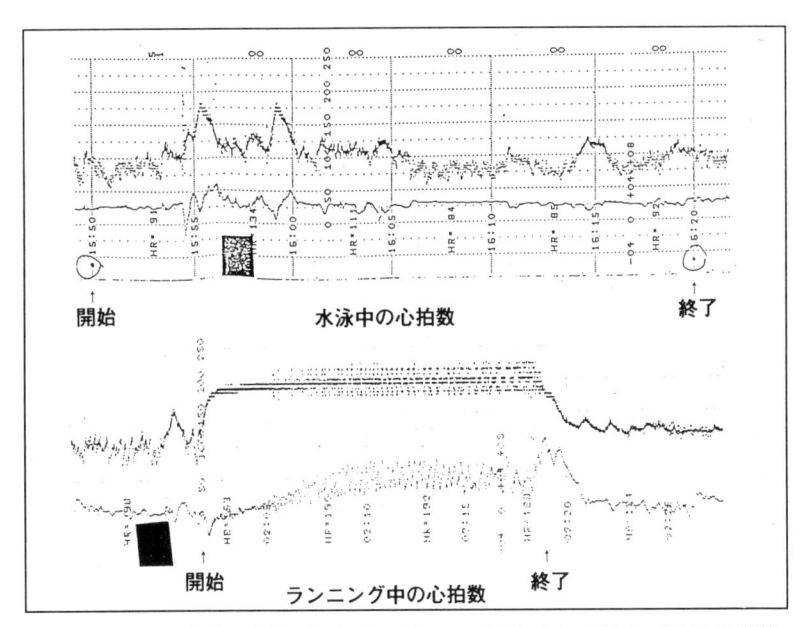

図24　同一の学生が水泳（上）とマラソン（下）をした時の脈拍数の推移

り，心拍数を連続的に記録すると心拍数が増えたり，減ったりし『鋸の歯』のような形になる（**図24**）。いい換えると，水泳中の心拍数は早くなったり，遅くなったりしているということである。
　潜水すると心拍数が遅くなるメカニズムは，潜水すると副交感神経（迷走神経）が刺激され活動するからである（**表15**）。副交感神経（迷走神経）の刺激と活動は，潜水により顔面が冷たい水に触れること，息をこらえることにより起こる。

表15 自律神経の主な働き

臓器	交感神経	副交感神経
心臓	心拍数増加	心拍数減少
気管支	拡張	収縮
胃	運動亢進 胃液分泌抑制	運動抑制 胃液分泌亢進
胆嚢	弛緩	収縮
汗	―	分泌亢進
眼	散瞳	縮瞳

　蛇足だが,『潜水性徐脈』は人間ばかりでなく,オットセイやペンギンなどにもみられる。潜水開始後早く『潜水性徐脈』が出現する動物ほど長い時間潜水できることもわかっている。

C．水泳中の不整脈

　水泳では『潜水性徐脈』以外に不整脈もよく出現する。
　健康な成人や小児でも10〜50％の頻度で水泳中や潜水中に不整脈が出現し,水泳中や潜水中のみに不整脈が出現する健康な成人や小児も少なくない。
　不整脈は水温が低いほど出現しやすい。出現する不整脈の大部分は良性の不整脈であるが,まれに死亡事故につながる恐れのある重篤な不整脈が出現する人もいる(図25)。

D．水泳の功罪

　水泳が心臓におよぼす影響がわかると,短絡的に水泳は恐ろしいスポーツと誤解する人が多い。確かに注意しなくてはならない点もあるが,水泳は大変によい点を多数もっているスポーツである。
　1)全身運動であり,とくに基礎体力を養うのによい。
　2)家の近くに施設があり,個人ででき,いつでもできる。
　3)費用が比較的安い。
　4)重症なスポーツ障害を起こすことが少ない。

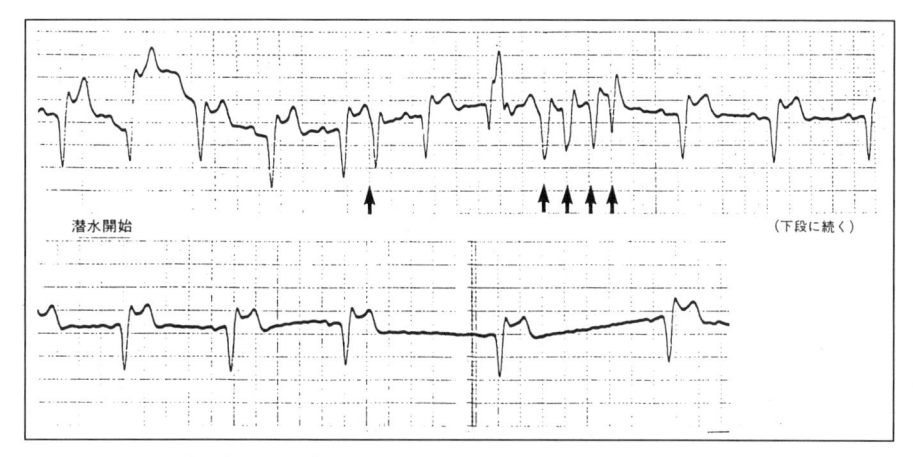

図25　潜水中に心室期外収縮と心室頻拍の出現をみた健康成人の心電図
矢印：不整脈

5）気管支喘息児では治療的効果がある。
6）各種の障害のリハビリテーションとしても行うとよいことが多い。

　水泳は日本の生活・社会環境に合ったスポーツであり，また生活をする上に必須のスポーツであることから，是非とも十分な注意を払いながら楽しんでほしいものである。

第6章　スポーツの功罪

　成人の運動やスポーツは，虚血性心疾患，高血圧症，糖尿病などの生活習慣病（成人病）を予防し，大腸癌や肺癌などの発生率も低下させるといわれている。しかし，最近『スポーツは本当に体や健康によいのか？』という問題が注目されている。『スポーツは体によい』という学説をとる学者と『スポーツは体によくないのではないか』という学説をとる学者がいる。

A．スポーツの功罪

　『スポーツは本当に体や健康によいのか？』という問題が注目されている背景にはさまざまな事実や学説がある。なかでも『健康を維持するために運動する野性動物は人間以外にいない』，『最近の長寿社会は，車の利用などによって運動量の軽減がもたらしたのでないか』，『運動選手の寿命は本当に長いのか』などが注目されている。
　『健康を維持するために運動をする野性動物は人間以外にいない』ということは，人間が，自然界の一動物として生きているうえから考えると，実におかしな現象である。つまり，人間も野性動物の一員であるから，他の野性動物が全く行わない行動を，人間のみが生きていくうえに必要なのか？という疑問がある。

B．活性酸素

　酸素は，多くの生物が生きていくうえに必要な気体であることは誰でも知っている。人間も酸素がなくなると死んでしまう。
　しかし，生物が誕生したばかりの遙か昔には，地球上には今のように十分な量の酸素がなかったといわれている。当時の生物はごくわずかな量の酸素で生活していた。やがて，酸素の量が十分になると，酸素を余り必要としなかった原始生物にとって，酸素がストレスになってきた。酸素がストレスになるという現象は，進化した現代の生物に残ってしまったのである。
　酸素に対するストレスに関係するのが『活性酸素』という酸素である。この活

性酸素は体にとって悪い影響を与えるが，人の体のなかでエネルギーを作る際に1～数％必ず作られてしまう。

体にとって悪い酸素（活性酸素）は，① 脳血管障害，② 動脈硬化症，③ 癌，④ 老化，⑤ 老人性痴呆などの原因になることがわかりつつある。

体にとって悪い酸素（活性酸素）は，体を作る細胞を壊したり，染色体の構造に異常をもたらし，その結果，血管を作っている細胞が破壊されて動脈硬化症を起こしたり，脳の神経細胞が破壊されて老人性痴呆になるのではないかといわれている。

放射線にあたると癌の発生率が高くなることは，広島市や長崎市の原爆体験やソ連のチェルノブイリ原子力発電所の爆発事故でも報道されているが，この原因に"活性酸素"が考えられている。つまり，放射線が細胞にあたると体にとって悪い酸素（活性酸素）ができ，染色体の異常を誘発し，癌が発生するというメカニズムである。

体にとって悪い酸素（活性酸素）は，人の体の中でエネルギーを作る際に必ず1～数％できてしまう酸素である。運動やスポーツは大量のエネルギーを必要とし，大量のエネルギーを作るために呼吸数を増やしたり，代謝を亢進させるが，結果，体にとって悪い酸素（活性酸素）も大量に発生することになる。このような現象に注目し，過度の運動やスポーツは体によくないという学説が唱えられる理由の1つである。

C．運動と寿命

運動やスポーツを行うと体にとって悪い酸素（活性酸素）も大量に発生し，運動やスポーツは体に悪いのではないかということから，運動やスポーツをしない方が長生きするのではないかという疑問が生まれる。

興味ある事実をいくつか紹介する。

1つは体にとって悪い酸素（活性酸素）からできる 8-OHdG という物質がある。この 8-OHdG という物質の量と動物の寿命の関係をみると，体にとって悪い酸素（活性酸素）からできる 8-OHdG という物質が少ないほど長生きであることがわかった（**図26**）。

次に，アガーウル（Agarwal）先生は，イエバエを2つの違った環境で飼育した結果を報告している。1つのグループは，28l もある容器で自由に飛ばしなが

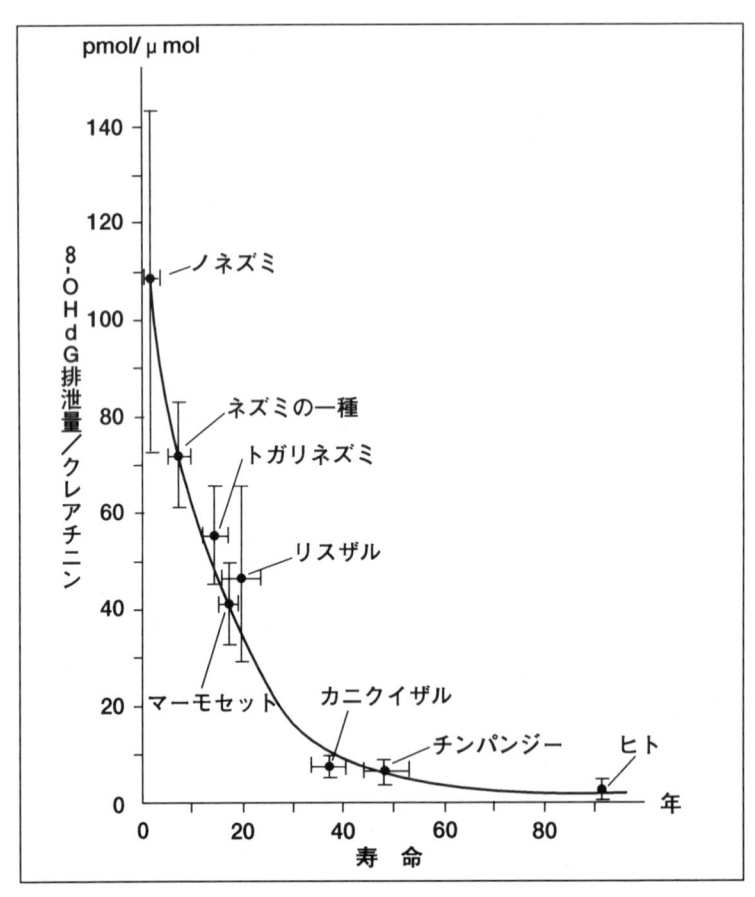

図26 寿命と8-OHdG排出量／クレアチニンの関係（香川靖夫：最新医学51：299，1996より引用）

ら飼育し，もう1つのグループは0.18lという自由に飛ぶこともできない狭い容器で飼育してみた。28lもある容器で自由に飛ばしながら飼育したイエバエの平均寿命は21日間で，0.18lと自由に飛ぶことができない狭い容器で飼育したイエバエの平均寿命は58日間と，運動量の少ないイエバエの方が2倍以上長生きであった（図27）。

さらに，旧国鉄職員を調査し，運動量の多い職種ほど脳卒中を起こしやすいという発表や，さらに，耕運機の導入される前は，田んぼの面積が広い農業従事者ほど死亡率が高いという資料も発表されている。

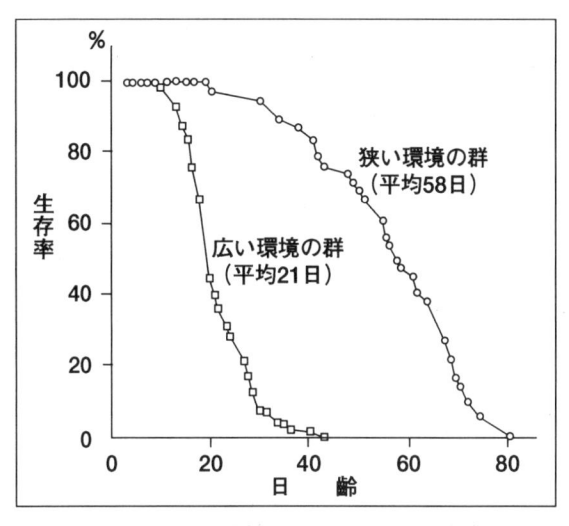

図27 異なる環境によるイエバエの寿命
(Agarwal, S. et al.：Proc Natl Acad Sci USA 91：12332, 1994 より引用)

　運動やスポーツをやり過ぎると体によくないのではないかとする資料と逆に，運動やスポーツを行った方が長生きするのではないかという資料もある。
　ソーナ（Sarna）先生らはスポーツ選手の寿命を調べ，運動やスポーツは寿命を伸ばすことはないが，老年期の死亡率を減らすことができると結論している（図28）。
　これまでの研究により，過度な運動やスポーツはスポーツ障害を招き，体によくないことは間違いない事実で，適度な運動とスポーツと適切な食生活は，生活を豊かにし，体にとってよいことも間違いない。

D．抗酸化的酵素

　体にとって悪い酸素（活性酸素）を活動させないような物質や活性酸素を中和するような物質がある。『抗酸化的酵素』といわれる物質である。体にとって悪い酸素（活性酸素）を活動させないような物質：抗酸化的酵素以外にビタミンC，ビタミンE，βカロチンなども体にとって悪い酸素（活性酸素）を活動させないような物質として作用する。
　ハートマン（Hartmann）先生らは，健康な成人男子を4つのグループに分け，ビタミンEの投与量を変えて激しい運動をさせてみた。体にとって悪い酸素（活

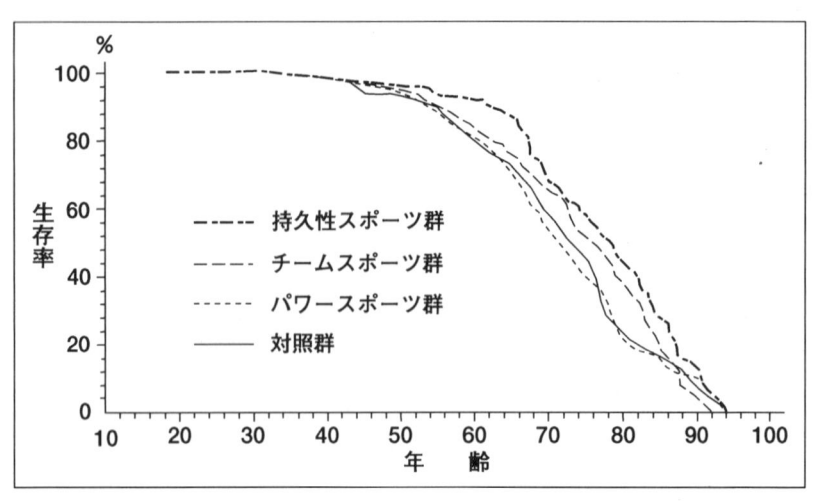

図28　若いころに行ったスポーツ種目別の生存率曲線（Sarna, S. et al.：Med Sci Sports Exerc 25：237，1993より引用）

性酸素）の活動が最も抑えられたグループは，14日間，毎日ビタミンEを飲んだグループであったという研究結果を発表している．

　ビタミンEを多く含んだ食品としては種実（栗・ゴマ・アーモンドなど），マーガリン，マヨネーズ，緑黄色野菜，魚類，海草類などがある．

　運動やスポーツで鍛えた人では，体にとって悪い酸素（活性酸素）を活動させないような物質が増加しているという研究結果もある．

　体にとって悪い酸素（活性酸素）についてはまだ研究がはじまったばかりである．本当の姿はわからない．今後の研究の進歩が待たれる．

第7章 スポーツ障害

　運動やスポーツによってさまざまなスポーツ障害が起こる。なかでも以外に知られていないのが『内科的スポーツ障害』である。運動やスポーツによって起こる『内科的スポーツ障害』には『急性内科的スポーツ障害』と『慢性内科的スポーツ障害』がある。

　『急性内科的スポーツ障害』は，主に運動中やスポーツ中に起こるスポーツ障害であり，突然死，熱中症，過呼吸症候群（過換気症候群），運動誘発性気管支喘息，食物依存性運動誘発性アナフィラキシー，脇腹痛などがある。稀な急性内科的スポーツ障害としては筋肉融解，低血糖症候群などがある。

　以下に述べることは，決して脅しでも誇張でもなく，スポーツ医学的な事実である。『運動やスポーツによりさまざまな急性内科的スポーツ障害』を起すことがあることを熟知して，運動やスポーツを行ったり，スポーツ指導を行ってほしいものである。

A．急性内科的スポーツ障害

1．突然死

　突然死は運動中やスポーツ中に起こるスポーツ障害の中で最も悲劇的なスポーツ障害である。

　日本体育・学校健康センターの資料によると，毎年90〜100人前後の学童期の子どもが学校内や通学中に突然死している。学校が開かれている2日に1人，全国のどこかの学校で突然死が起こっていることになり，さらに自宅など学校外での突然死は，学校内や通学中に起こる突然死の2〜3倍といわれている。

　学童期の子どもの突然死には以下のような特徴がある。
　① 高校生が最も多く，ついで中学生で，小学生が最も少ない。
　② 男子の方が女子より多い。
　③ 運動やスポーツが誘因となり，運動中や運動後に起こることが多い。
　④ 心臓に原因することが多い。
　⑤ 地域差があり，ある地域に一時期，集中的に多発することがある。

『防止することができない突然死』もあるが，『防止することが可能な突然死』も少なくない。そこで，1996年（平成7年度）から『防止することが可能な突然死』を1人でも減らすために，学校心臓検診で必ず心電図検査が行われている。学校心臓検診で発見された心臓病の子どもは，主治医や学校医から運動指導や生活指導を受け，学校生活や自宅生活で指導された内容を守ってほしいものである。

不幸にも突然死に遭遇したら速やかに以下の3つの行動を同時に行う必要がある。
① 救急車を要請する。
② 保護者や関係者への連絡を行う。
③ 心肺蘇生を行う。

スポーツ指導者やスポーツ関係者は心肺蘇生の知識だけでなく，日本赤十字社や地域自治体などが行う心肺蘇生講習会には積極的に参加し，模擬心肺蘇生を実践し，心肺蘇生の技術を習得しておく必要がある。年に1回くらいは火災訓練と同様に，突然死事故に対応する訓練日を作り，訓練しておくと理想的である。

2．熱中症

夏の炎天下，水や休養もとらずに練習や試合をすると発生するスポーツ障害である。とくに夏の炎天下の運動やスポーツのトレーニングを受けていない新人（非鍛錬者）に好発する。毎年，全国の学校で10人前後の子どもが熱中症で死亡している。

熱中症は100％防止しえるスポーツ障害で，また100％防止する必要のあるスポーツ障害である。熱中症による死者は1人もだしてはならない。

熱中症の程度は以下の4段階がある。
① 熱失神：最も軽い熱中症である。皮膚の血管の拡張により，皮膚を流れる血液の量が増加し，脳に行く血液の量が減少し失神する状態である。
② 熱疲労：体の水分が減少した状態で，脱力感，倦怠感，めまい，頭痛，吐き気などがみられる。
③ 熱けいれん：体の水分ばかりでなく，血液中の塩分を中心とした成分も低下し，筋肉がケイレンを起こしたり，筋肉痛を感じる状態である。
④ 熱射病：体温が異常に高くなり，体液の成分も異常となり，脳が障害された状態で，生命的危機がある。

重症熱中症になると救命されても腎臓などに後遺症を残し，一生，人工透析をするということも起こる。

国際的にはWBGT：Wet-Bulb Globe Temperature（湿球黒球温度）という温度により試合の開催の可否が決められている。表16に示したように一定のWBGT：湿球黒球温度以上になると運動やスポーツ試合が禁止される。日本の夏の炎天下は禁止域や警戒域に入る（図29）。

そこで新人（非鍛錬者）は当然のこと，鍛錬した子どもでも夏の炎天下の練習，試合，トレーニングは徐々に慣れること，定期的に十分な時間の休養とかいた汗の量を少し上回る程度の量の水分補給が必要である。全く水を飲まなかったり，飲み過ぎると疲労が著しくなる。汗の量を少し上回る程度の量の定期的な水分補

WBGT ℃	湿球温 ℃	乾球温 ℃		
〜21	〜18	〜24	ほぼ安全 (適宜水分補給)	WBGT21℃未満では，通常は熱中症の危険は小さいが，適宜水分の補給は必要である。市民マラソンなどではこの条件でも熱中症が発生するので注意。
〜25	〜21	〜28	注 意 (積極的に水分補給)	WBGT21℃以上では，死亡事故が発生する可能性がある。熱中症の徴候に注意するとともに，運動の合間に積極的に水を飲むようにする。
〜28	〜24	〜31	警 戒 (積極的に休息)	WBGT25℃以上では，熱中症の危険が増すので，積極的に休息をとり，水分を補給する。激しい運動は，30分おきくらいに休息をとる。
〜31	〜27	〜35	厳重警戒 (激しい運動は中止)	WBGT28℃以上では，熱中症の危険が高いので，激しい運動や持久走など熱負荷の大きい運動は避ける。運動する場合には積極的に休息をとり水分補給を行う。体力の低いもの，暑さに慣れていないものは運動中止。
〜	〜	〜	運動中止 (運動は原則中止)	WBGT31℃以上では，皮膚温より気温のほうが高くなる。特別の場合以外は運動は中止する。

WBGT (湿球黒球温度)
屋内：WBGT＝0.7×湿球温＋0.2×黒球温＋0.1×乾球温
屋外：WBGT＝0.7×湿球温＋0.3×黒球温

・環境条件の評価はWBGTが望ましい。
・湿球温は気温が高いと過小評価される場合もあり，湿球温を用いる場合には乾球温も参考にする。
・乾球温を用いる場合には，湿度に注意。湿度が高ければ1ランク厳しい環境条件の注意が必要

今回の「指針」では，環境温度の指標としてWBGTを推奨しています。これは人体の熱収支にかかわる環境因子（気温，湿度，輻射熱，気流）のうち，とくに影響の大きい湿度(湿球温度)，気温(乾球温度)，輻射熱(黒球温度)の3つを取り入れた指標です。

表16 熱中症予防のための運動指針（日本体育協会資料より引用）

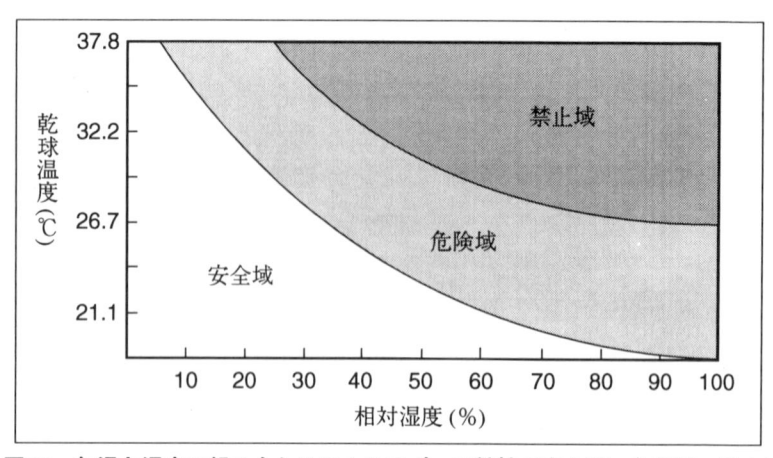

図29　気温と湿度の組み合わせによるスポーツ競技の安全域・危険域・禁止域
（Lamb, D.R., Physiology of Exercise, 269, Macmillan Pub. Co., Inc., 1978より引用）。

給が，最も疲れずに練習ができる（図30）。

　夏の炎天下の練習，試合，トレーニングで『たるむから水は飲ませない』ということは言語道断である。

　熱中症の予防と練習効果をあげる点からも，真夏の練習時には定期的な適度な水分補給と休養が必要である。

　熱中症は，ときに室内競技である剣道でも起こることがある。防具を着けていることによって，異常に多い発汗と防具によって放熱が邪魔され，熱がこもることによる。

　熱中症が起こったら直ちに涼しい場所に移動し，衣服を脱がせ，風を送るなどして体を冷やす。さらに，救急車の要請と水分補給を行い，医療機関に搬送することが必要である。

3．過呼吸症候群

　『過換気症候群』ともいわれる。

　思春期の女子に好発するが，最近，男子例も少なくない。

　試合の直前の緊張時などに突然に呼吸が浅く，早くなり，呼吸困難・動悸・手足のしびれ・目のかすみ・震え・めまいなどの症状を訴える。ときにはケイレン様の症状もみられる。

　治療は再呼吸法：ペーパーバック法を行う（図31）。紙袋やビニール袋を口に

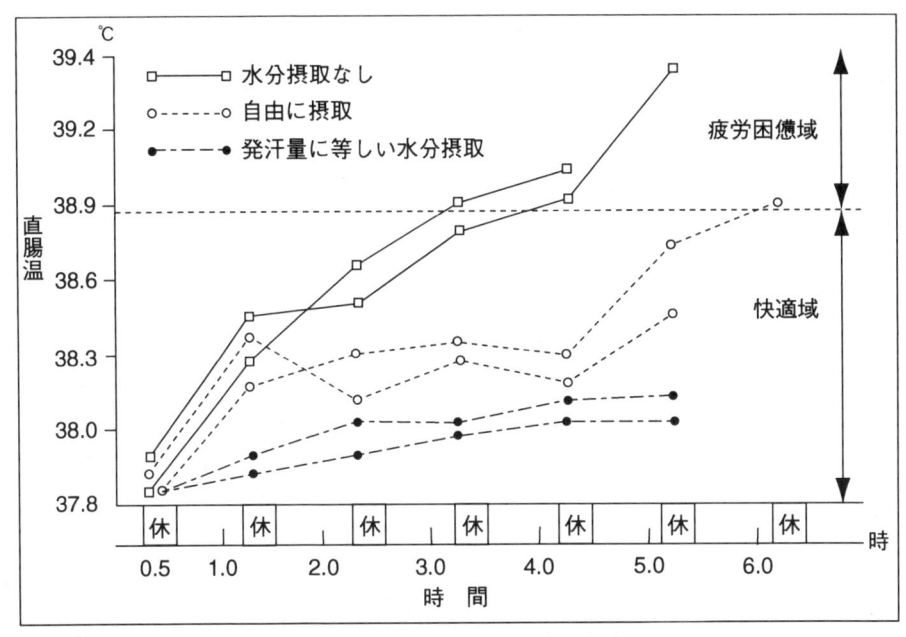

図30 水分の摂取量と疲労の程度

当て呼吸させる方法である。はじめての発作のときは少し勇気がいるが，早い子どもでは数分のうちに楽になり，遅い子どもでも数十分のうちに軽快する。袋類を口にあて呼吸しているときに『袋を口に当てた状態で呼吸を続けると楽になるから心配ない』と声をかけることも，早く楽にするコツである。

発作後に，再発防止のカンセリングと反復する子どもでは薬物療法が必要である。

カンセリングで必要なことは，過呼吸症候群を熟知させることである。過呼吸症候群は気が小さく，几帳面で，責任感の強い女子に好発する。『よい子』に好発することを理解させる必要がある。

さらに，本人に自信を持たせることで，具体的には『なぜ試合の直前に過呼吸が起こるか』のメカニズムを正確に優しく説明することが重要である（**図32**）。つまり重大な病気がなく，緊張により自律神経が異常に強く反応するためであることを十分に理解させる必要がある。

発症メカニズムが理解できたら，自信を持たせることの努力を行う必要がある。そのときに大切なことは，発作を起こした子どもだけでなく『他の子どもも大な

図31　ペーパーバッグ法

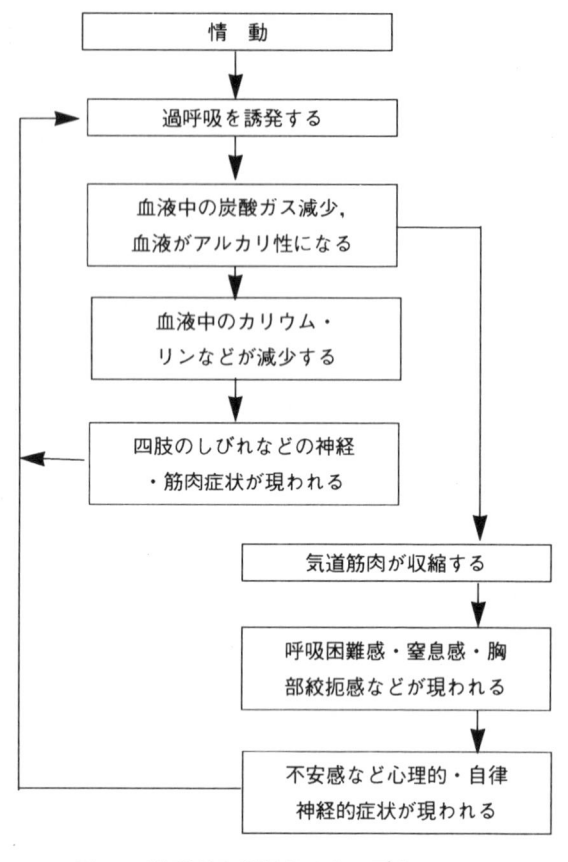

図32　過呼吸症候群のメカニズム

り小なり発作を起こすことがある」ことを話すとよい。さらに，前述したように『よい子』に好発するなどさまざまな話をして自信を持たせる。保護者，医師，スポーツ指導者も以前に同じような経験をしたことのあることを話すとよいときもある。また，本人を安心させるために，血液検査など各種の医学的検査を受けさせることもよい。

　過呼吸症候群の発作が反復するようなら薬物療法が必要となる。特効的な薬剤はないが，2，3の薬剤が試みられいる。いずれの薬剤も2，3週間連続して用いても全く効果がみられないときには，他の薬剤に変更するとよい。

　過呼吸症候群の治療は，カウンセリングや薬物療法以外にさまざまな治療方法が試みられている。鍛練法，テープによる精神コントロール，自己調節法，行動

療法などの治療法が試みられている。いろいろな治療方法があるということは，どの治療方法も100％でなく，ときに難治性のこともある。

いずれにせよ，根気よい治療の継続が大切である。過呼吸症候群の理解と子どもを信じることが大切である。

4．運動誘発性気管支喘息

運動やスポーツを行うと気管支喘息発作を起こす子どもがいる。『運動誘発性気管支喘息』という病気であり，典型的な気管支喘息発作ばかりでなく，胸が痛い，走れないなどといった症状を訴えることもある。

運動誘発性気管支喘息は，一般に重い気管支喘息の子どもに多く，気管支喘息の子どもの40〜60％に起こる（**図33**）。

原因は運動やスポーツにより，気管支から熱や水分が喪失することが原因と考えられている。

運動誘発性気管支喘息の子どもの運動やスポーツ参加は以下のようなことを守って参加させるとよい。

① 病状や体力にあったペースで運動やスポーツに参加させる。

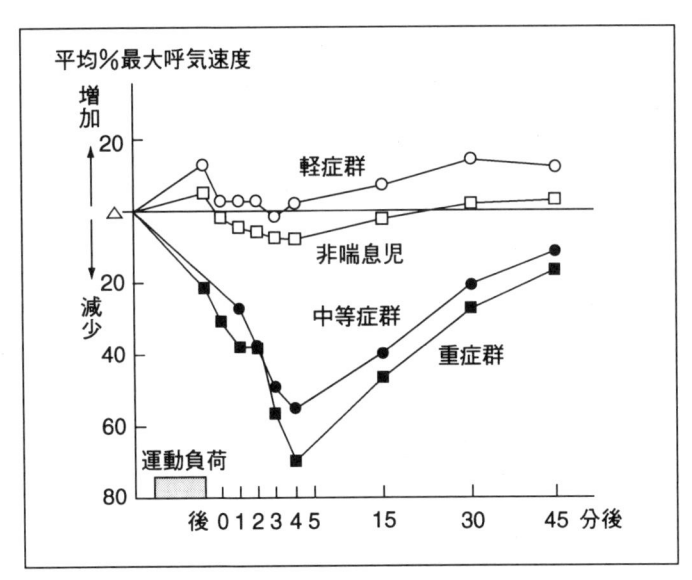

図33 気管支喘息の重症度と運動誘発性気管支喘息
（乾　宏行他：アレルギー32：301，1983より引用）

② 定期的に運動やスポーツに参加するときにはピークフローメーター（図34）を用いた気管支喘息の自己管理をしながら参加させる。
③ 各種の運動誘発性気管支喘息発作予防のための薬物療法を十分に行ってから参加させる。

　運動誘発性気管支喘息発作を起こしにくいスポーツとしては水泳が代表的なものである。水泳以外にジョギング（走りながら会話できるスピードで走る），スキー，剣道，スケート，野球なども運動誘発性気管支喘息発作を起こしにくいスポーツである（図35）。

　著者の経験でも，重症な気管支喘息発作を繰り返していた子どもがスイミングスクールに通うようになり，毎日飲んでいた気管支喘息の薬がいらなくなった子どもを数多く経験しており，水泳は運動誘発性気管支喘息発作を起こしにくいスポーツというより，治療的スポーツである。

　まれではあるが，気管支喘息の子どもがスイミングスクールに通うようになり，気管支喘息，アレルギー性鼻炎，アトピー性皮膚炎などが悪化する子どもがいる。とくにアレルギー性鼻炎を持っている子どもに多く，気管支喘息やアレルギー性鼻炎が悪化するようなら，スイミングスクールに通うことをやめるかどうか検討する必要がある。

　運動誘発性気管支喘息発作を起こし易いスポーツとしてはマラソンが代表的であるが，マラソン以外にサッカー，自転車漕ぎなどでも運動誘発性気管支喘息発作を起こす。

　運動誘発性気管支喘息発作を起こす子どもは，水泳など鍛練的スポーツや治療的スポーツを行うことも大切であるが，可能な種目を可能な範囲で楽しむことが

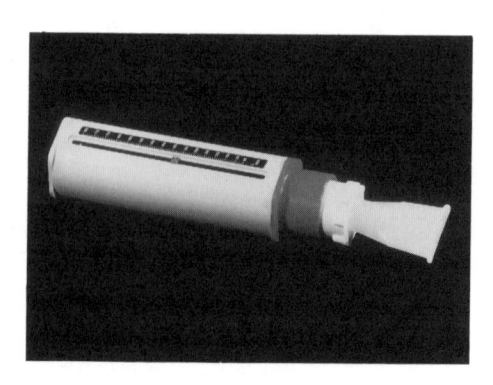

図34　ピークフローメーター

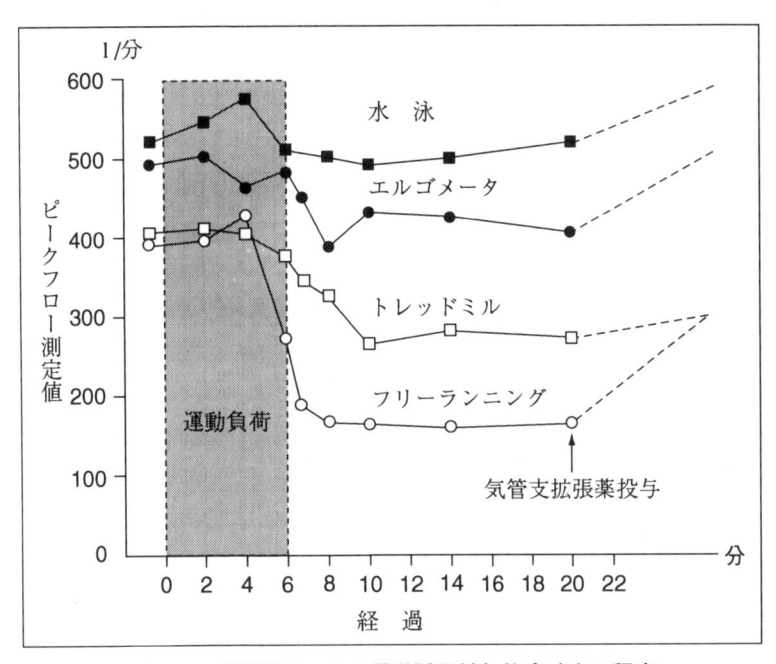

図35 運動種目による運動誘発性気管支喘息の程度
(Anderson SD et al : Br J Dis Chest 69：1, 1975より引用)

基本である。

運動誘発性気管支喘息発作の予防薬としては，インタールという商品名の薬を運動開始30分くらい前に使用することが勧められている。ときにステロイドホルモン剤の吸入も効果がある。その他にはマスクの使用なども勧められているが，実用的でない。

5．食物依存性運動誘発性アナフィラキシー

最近注目されている病気の1つで，食物アレルギーを持っている子どもが，アレルギー反応を起こす食物を食べ，比較的短時間のうちに運動やスポーツを行うと，運動やスポーツ開始数10分くらいしてショックなどさまざまな不快な症状を起こす病気である。アレルギー反応を起こす食物を食べる＋運動という組み合わせが起こったときにのみショックなど不快な症状が起こる。

食物アレルギーの原因食としてはさまざまな食品があるが，蟹・海老・小麦などが多い。

食事に関係する発作であるから，昼食を食べた午後の体育の時間帯に好発する。

呼吸困難，顔面蒼白，意識喪失，浮腫，じんま疹，吐き気，腹痛などの症状がみられる（**表17**）。ときには死にいたることもある。

食物依存性運動誘発性アナフィラキシーが疑われたら，なるべく早く救急車で医療機関を受診させる必要がある。

6．脇腹痛

食後にマラソンなど激しい運動やスポーツを行うと，脇腹に激しい痛を感じることはよく経験されるが，脇腹痛である。

以下のような原因が考えられるが，明確な原因は不明である。

表17　アナフィラキシーショックの自験例

	症例1	症例2	症例3	症例4
性	男子	男子	男子	男子
年齢	10歳	12歳	10歳	14歳
原因食事	エビ・イカ	エビ・カニ	エビ	小麦
食事と運動の間隔	1時間	10分	15分	10分
運動の種類	バレーボール	サッカー	バスケット	野球
運動時間	30分	25分	15分	30分
運動と発症の時間	直後	運動中	5分後	運動中
臨床症状				
呼吸困難	＋	＋	＋	－
顔面蒼白	－	＋	＋	＋
意識障害				
浮腫	＋		＋	＋
じんま疹	＋	＋	＋	＋
眼球結膜充血	＋	－	－	
鼻閉感	＋			
嘔気・嘔吐	－	＋	＋	＋
腹痛	－	＋		＋
RASTスコア				
カニ	2	3	3	0
エビ	2	3	3	0
小麦	0	0	0	2

① 胃腸への血液の供給が減少するため。
② 胃に残っている食物や飲み込んだ空気により胃が引っ張られるため。
③ 胃腸の中のガスの存在部位に異常が起こるため。
④ 横隔膜のケイレンが起こるため。
⑤ 胃腸の動きが亢進するため。
⑥ 脾臓が収縮するため。
⑦ その他。

治療は運動やスポーツをただちにやめ、右脇腹を下にして安静にすると自然に治る。

脇腹痛の予防方法は食後直ぐに激しい運動やスポーツを行わないことである。少なくも食後3，4時間は激しい運動やスポーツを行わないことと脂肪を多く含んだ食事は消化に時間がかかることから、激しい運動やスポーツ開始前に脂肪を多く含んだ食事を摂取をしないことである。

ときに繰り返すことがあり、カウンセリングなど精神的な治療を必要とする子どももいる。

7．その他の障害

ダイビング、登山、ゴルフなどのスポーツを愛好する子ども達がいる。子どもでもダイビングでは潜水病、登山では高山病や凍傷などのスポーツ障害が起こる。

最近の子ども達は、スケートボードやスノーボードなど新たに開発された運動やスポーツを行っている。ニュースポーツを行うときには、予想されるスポーツ障害を十分に調査検討し、注意や指導をすることが大切である。

B．慢性内科的スポーツ障害

運動やスポーツをやり過ぎたり、不適切な練習を長く行うと、関節や骨ばかりでなく、体や心にも悪影響が出る。『慢性内科的スポーツ障害』である。

『慢性内科的スポーツ障害』はしばしばサイレントで、発見が遅くれることが多い。

『慢性内科的スポーツ障害』にはオーバートレーニング（慢性疲労）、スポーツ貧血、生理不順、スポーツ心臓、蛋白尿、不眠症、胃・十二指腸潰瘍、慢性疾患の増悪などがある。

ときに『慢性内科的スポーツ障害』は、心の病気を起こし、不登校の原因にも

なる。

1．オーバートレーニング（慢性疲労）

　中学生や高校生になってはじめて学校の運動部に所属する子ども達がいる。しかし，所属した学校の運動部によっては，毎日，毎日，長い時間練習を行い，土・日曜日は試合という運動部や夕方の練習に加え，早朝練習まで行っている運動部があり，家に帰ると『ぐったり』，ただ寝るだけという生活パターンになってしまうことがある。
　練習や試合をやり過ぎると『オーバートレーニング』という状態になることがある。一口でいうと『慢性疲労状態』である。
　『オーバートレーニング』になると不眠，興奮性，食欲減退，体重減少，頭痛，動悸，発熱（微熱），いら立ち，不活発，異常発汗，生理不順などの症状が見られるようになる。運動やスポーツを愛好している子どもで不眠，興奮性，食欲減退，体重減少，頭痛，動悸，発熱（微熱），いら立ち，不活発，異常発汗，生理不順などの症状がみられたら要注意である。
　とくに中学1年生，高校1年生などの新入部員（新人）で，夏休み直前の時期や2学期のはじめに多くみられる。
　強くなるためにはある程度の量の練習は必要であるが，練習や試合が過ぎてオーバートレーニングになると運動やスポーツの効果や成績もあがらない。
　治療は休養である。
　女子では運動やスポーツのやり過ぎによって生理が止まってしまい，将来に問題を残すこともある。そこで，女子ではとくにオーバートレーニングにならないように注意しながら練習したり，試合をすることが大切である。
　ここで著者が経験した事例を紹介する。

　　　　患者さんは，13歳の中学1年生の女子。『1カ月間近く微熱が続くので調べて欲しい』と来院した。1カ月くらい前に風邪を引いたが，風邪が治った後も微熱が続き，近くの先生の所で血液検査を受けたが『正常』であった。しかし『微熱が続く』ので著者のところに来院した。最近は食欲もなく，4kgも痩せた。拝見すると，一見元気なお嬢さんであった。早速，血液検査や胸のレントゲン写真などの検査を行ってみたが，異常はなかった。
　　　　思い当たる病名もなく，微熱の程度を知るために毎日3回くらい体温

を計り，体温表をつけてもらうことにした。

1週間後，体温表を持って，再度来院したが，体温表をみて，びっくりした。毎朝，体温を測定していた時間が，午前5時30分であった。訳を聞くと，バスケット部の早朝練習に行くので，毎日午前5時30分に起床するとのことであった。日曜日も午前5時30分に起床していた。

さらに，生理について聞くと，生理は止まっていた。そこで診断がついた。『オーバートレーニング』である。

バスケット部を3ヵ月間休部したところ，微熱もすっかり消失し，生理も体重も戻り元気になった。

2．スポーツ貧血

女子では，『貧血』に注意する必要がある。思春期の女子は痩せたいという願望から，不適切なダイエットと運動やスポーツを同時に行うことがある。ダイエットすると鉄分の摂取量が減り，運動やスポーツという物理的負荷が加わり『スポーツ貧血』が発病する。

物理的負荷とは，剣道の踏み込みや走ると足裏に一過性に強い圧力が加わり，足裏を流れる血管がつぶれ，その結果，踏み込み動作時や走る動作により血管の中を流れる赤血球が壊れてしまうことをいう。

長い生理，多い生理といった生理の異常が原因で貧血になる女子もいる。その他に長距離選手では消化管の出血や汗からの鉄分の喪失などもスポーツ貧血の原因となることがある。

貧血はスポーツ成績にも影響し，練習効果や成績や記録が伸びない原因になる。貧血の予防と治療は鉄分を多く含んだ食事（図36）を食べることが第1である。しかし，鉄分はこれらの食品だけ食べても消化管から吸収されないため，ビタミンCなど酸性食を同時に摂取することが必要である（図37）。1例として『焼き鳥のレバーにレモンをかけて食べる』ことがあげられる。

その他に，普段から鉄の鍋で料理を作ることも大切である。

食事療法のみで軽快しないときには鉄剤の服用が必要となる。生理が原因のときには婦人科を受診し，指導やホルモン療法を受けるとよい。

3．生理不順

運動やスポーツを愛好する女子の生理不順の原因は，不適切なダイエットとオーバートレーニングが大部分である。一般的に運動やスポーツを愛好する女子の

図36 鉄分の多い食品

図37 ビタミンCの多い食品

　生理の初来は,スポーツを行っていない女子より遅いといわれているが,満15歳になっても生理の初来がみられないときには婦人科を受診し,指導や治療を受ける必要がある。
　生理が初来した運動やスポーツを愛好する女子を持つ保護者やスポーツ指導者は,必ず生理の様子を定期的に聞く必要がある。
　若い女子の生理が止まるということは,50歳前後の『更年期:閉経』を迎えた女性と同じことが体の中で起こるということである。そのため『骨粗鬆症』などさまざまな障害が起こり,あまり長く生理が止まると,一生取り返しのつかないことが起こることもある。

4．スポーツ心臓

　運動やスポーツを長く続けると,心臓は続けた種目に適した心臓になる。

1例としてマラソン選手では安静時の心拍数が極端に少なく（徐脈），心臓の筋肉も厚く，大きな心臓になる（図38）。マラソンを行うと心拍数が著しく増えるが，心拍数があまり増加するとマラソンは続けられない。そのため安静にしているときの心拍数を遅くして，マラソンをしたときに心拍数が増えても著しく増えないようにしているのである。同時に，マラソンは大量のエネルギーを消費することから，心臓は大量の血液を送り出す必要がある。そこで，心臓を大きくして，心臓の筋肉を厚くして心臓から大量の血液を送り出すのである。大きくなった心臓は，安静時には少ない心拍数で必要な血液を送り出すことができる。このように続けた種目に適応した心臓を『スポーツ心臓』という。
　スポーツ心臓にはマラソンなど体を動かすことの多いスポーツ（動的スポーツ）によるものと重量挙げなど体を動かすことの少なく力を必要とするスポーツ（静的スポーツ）によるものの2種類があり，それぞれ異なったスポーツ心臓がみられる。
　マラソンなど動的スポーツに適したスポーツ心臓は心拍数が遅くなり，心臓が大きくなり，心臓の筋肉も厚くなり，不整脈もよくみられる。
　重量挙げなど静的スポーツに適したスポーツ心臓は心拍数や心臓の大きさは運動をしない人と変わりなく，心臓の筋肉が著明に厚くなる。
　『スポーツ心臓』は続けた種目に適応した心臓で歓迎すべきとする学者と，安

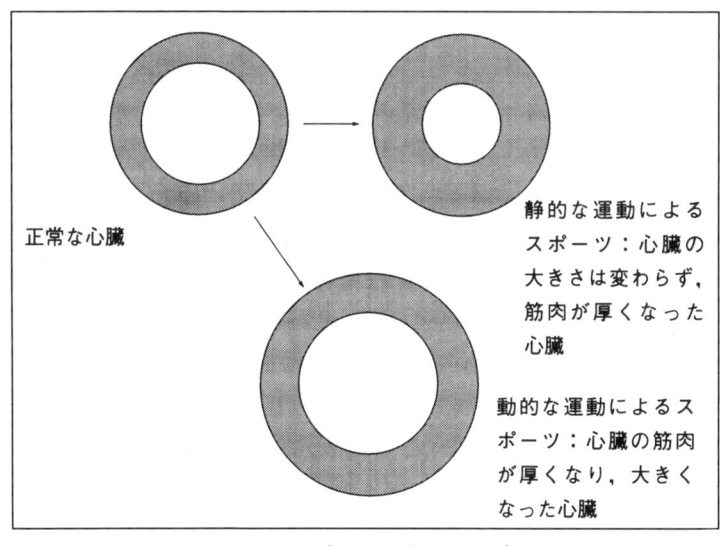

図38　スポーツ心臓のタイプ

静時の心拍数が極端に少なく、心臓が大きくなり、不整脈が高頻度にみられることなどから『病的な心臓』であると主張する学者がいる。

歓迎すべき心臓と考えている学者の方が多く、著者も基本的には心配はないと考えている。

5．血尿・蛋白尿

運動やスポーツによって血尿や蛋白尿が出現することがある。正確なメカニズムは不明であるが、オーバートレーニングの傾向があるとよくみられる。

軽度の血尿や蛋白尿がみられても、大部分は一過性で、特別な治療の必要はない。しかし、一度は重大な腎臓病がないかどうか、小児科医または腎臓病の専門医を受診し、検査を受けるとよい。

運動やスポーツに原因した血尿や蛋白尿は特に治療は必要ないが、練習量や試合の回数を減らすとよい。

6．不登校

最近、不登校を起こす子どもが増えている。実際に不登校を訴えてくる児童・生徒をよく経験する。

不登校の原因にはさまざまな原因があるが、学校の運動部における先輩や指導教諭との不仲、オーバートレーニングなどが原因という子どももいる。

運動部に所属する子どもが不登校するようになったら、日常生活の様子と同時に学校の運動部での様子や練習状況についても聞く必要がある。

『運動やスポーツを行っていれば健康』という妄想は捨てなくてはならない。

C．主な整形外科的スポーツ障害

子どもの骨には軟骨といって成長する部分がある。軟骨は言葉のように柔らかく、無理な力がかかるとすぐに壊れる。

子どもの骨にある軟骨は成長と共にだんだん少なくなるが、多くの骨で15〜18歳くらいまで残る（図39）。そこで、17〜18歳くらいまでは、骨も細く、骨や関節に無理な力が加わると容易に障害が起こる。

関節などの痛みを感じた時には早期に整形外科医を受診し、悪化しないうちに治療することが大切である。悪化した関節や骨のスポーツ障害は完治するのに時間がかかるうえ、ときに一生、障害を残すことにもなる。

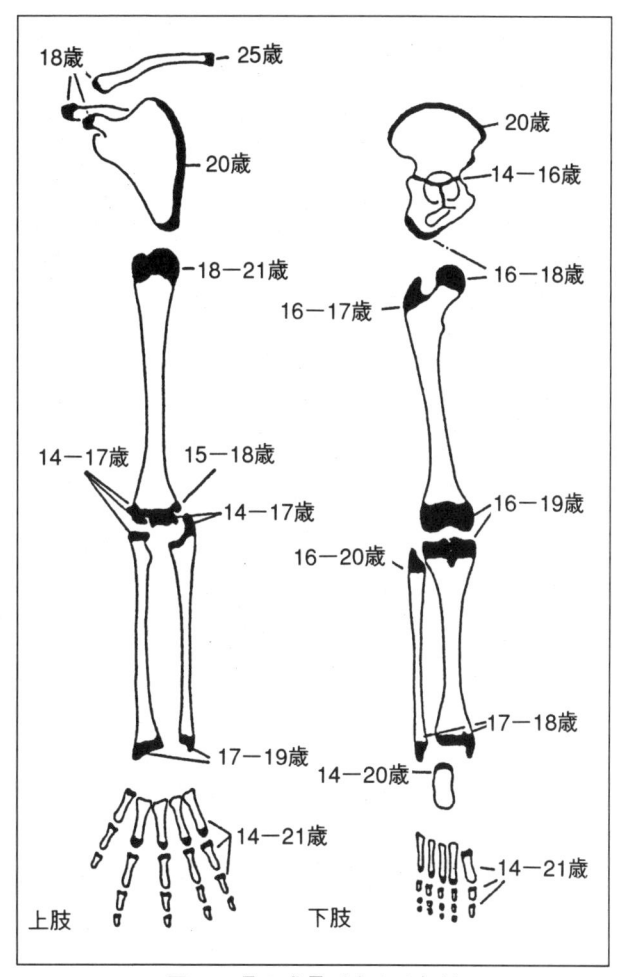

図39 骨の成長が止まる年齢
(Orden, J.A.：Skeltal Injury in the Child. Lea & Febiger, Philadelphia, 1982より引用)

　体全体のクーリング・ダウンは当然のことであるが，負担がかかり，障害を起こし易い部分（関節）は練習後，必ずアイシング（冷却）して，毎回，毎回ケアしておくことも大切である（**図40**）。例えば，サッカーなら足関節や膝関節のアイシングである。
　以下にスポーツによる主な外科的スポーツ障害または整形外科的スポーツ障害を紹介する。ここに上げた外科的スポーツ障害または整形外科的スポーツ障害は『使い過ぎ症候群：オーバーユース』といわれる範疇に入るスポーツ障害が中心

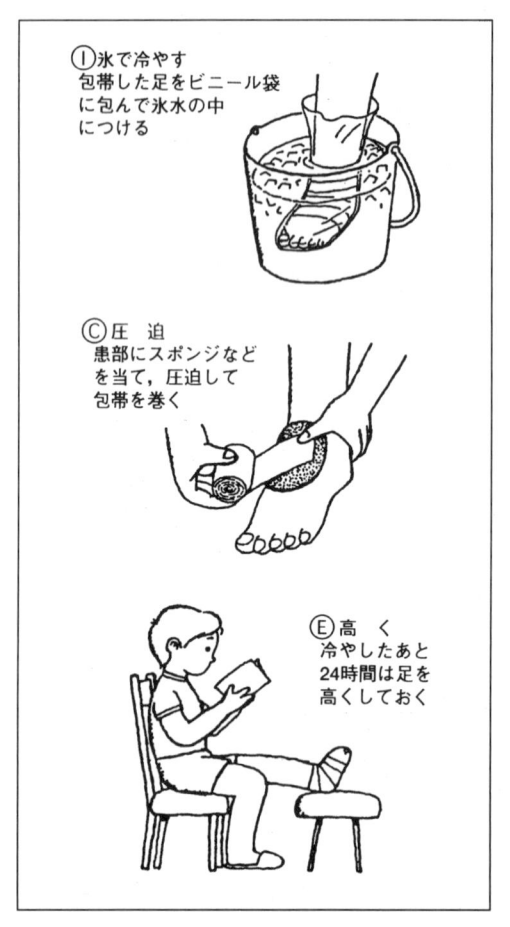

図40 アイシングのやり方
（原瀬瑞夫：スポーツでこどもが危ない。五月書房より引用）

である。

1．捻挫

　捻挫は関節に無理な力や限度以上の動きが強いられ、関節についている靱帯や関節包が引き伸ばされたり、部分的に裂けた状態である。捻挫の応急処置として『冷湿布』が広く用いられている。応急処置としての『冷湿布』は1つの処置であるが、行う時間が問題である。せいぜい1～2日間で、1～2日間『冷湿布』を行っても改善しないときには、専門医を受診する必要がある。冷やし過ぎは回

復を遅らせることになる。

基本的にはアイシングが勧められる。

2．脱臼

関節に異常な力が加わり，関節の位置がずれた状況である。関節の位置がずれたことにより，関節周囲の靱帯などにも損傷が起こる（**図41**）。

疼痛や左右を比較すると外観が異なることが見られる。その他に運動制限も見られる。

脱臼が起こったら，牽引を試みてもよいが，牽引に成功しても専門医を受診し，骨折などがないことを確認しておくことが大切である。牽引できないときには専門医を受診するのは当然のことである。

反復しないように防具の点検，サポーターの装着など危険防止の努力をすることが大切である。

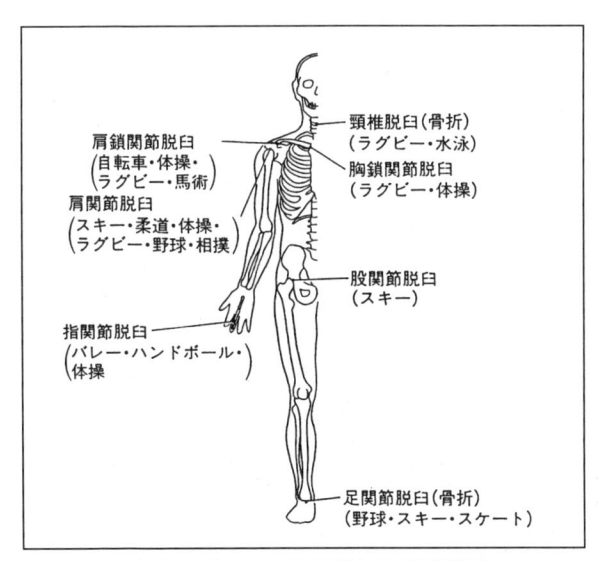

図41 主なスポーツによる脱臼と原因種目

3．肉離れ（筋線維束断裂）

準備運動不足や疲労状態にある筋肉に，急激な筋肉の収縮が強いられると，筋線維束は正常な収縮，弛緩のリズムを失い，攣縮を起こして断裂する。筋肉が筋自体の異常な収縮により断裂したのが肉離れである。

大腿四頭筋や下腿三頭筋などでよく起こる。

受傷時には激痛とともに断裂音を自覚することがある。局所には圧痛があり，皮下に陥凹を触れることもある。

治療は安静である。

肉離れの予後は良好である。

運動やスポーツへの復帰は低下した筋力を回復させながら，十分に時間をかけて，再発防止を行いながら行うとよい。

4．突き指

突き指は指の先を強く打つことにより起こる指関節の捻挫あるいは骨折である。ときに指の腱が切れたり，脱臼を起こしていることもある。

突き指の応急処置で指を引っ張ることが行われるが，指を引っ張ることは突き指を悪化させることになる。簡単な副木を当て，ライス法を行うのがよい。適当な副木がないときには，突き指した隣の指と共に絆創膏などで固定するのも一策である（図42）。

安静期間は4～5日でよいが，軽快が思わしくないときには専門医を受診する必要がある。ときに思わぬ重症ということもある。

5．脊椎分離症

上・下関節突起の間が骨性連絡のなくなった状態である（図43）。

第5腰椎に起こることが最も多い。

水泳の飛び込み，重量挙げ，陸上跳躍，体操，陸上短距離，柔道，バスケットボール，レスリング，ラグビーなどの選手によくみられる。

原因は腰椎に対する軸圧と過伸展，繰り返すストレス，異常な外力による骨折などがあげられている。

長く立っていたり，中腰でいたり，スポーツ中に腰仙部に鈍痛が起こり，脊椎の前後運動を中心に運動制限がみられる。

3～4カ月のスポーツ活動の制限で軽快する。

早期発見が大切であるが，ときに症状が軽いことがある。そこで，スポーツ愛好児が軽度でも腰痛や背屈時の腰痛を訴えたら，脊椎分離症を考え，専門医の受診を勧めることが大切である。

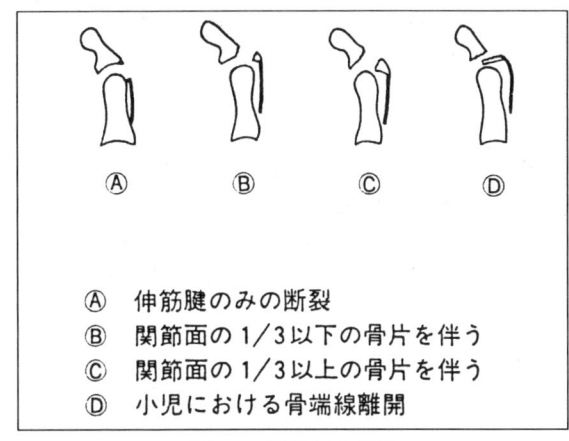

Ⓐ　伸筋腱のみの断裂
Ⓑ　関節面の1/3以下の骨片を伴う
Ⓒ　関節面の1/3以上の骨片を伴う
Ⓓ　小児における骨端線離開

図42　突き指の分類

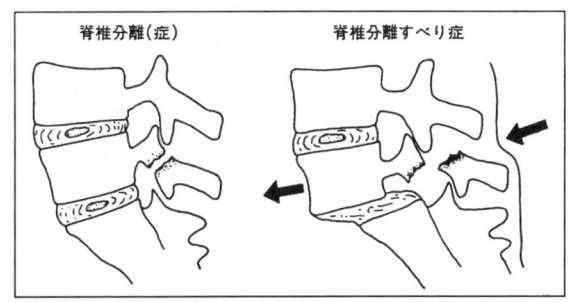

図43　脊椎分離症および脊椎（分離）滑り症

6．脊椎（分離）滑り症

　脊椎分離症が基本にあり，椎間板の変性などが著明になると，椎体が前方に移動する。これが脊椎（分離）滑り症である。脊椎分離症では長く立っていたり，中腰でいたり，スポーツ中に腰仙部に鈍痛が起こり，脊椎の前後運動を中心に運動制限が見られるが，脊椎（分離）滑り症になると下肢の疼痛，無力感，歩行力の低下などがみられるようになる。

7．オスグッド病

　脛骨粗面（俗称：弁慶の泣きどころ）の骨化障害で，脛骨粗面に疼痛を訴える病気である。10～16歳にかかる子どもが多く，12歳前後が最も多い。女子より男子に多い。

脛骨粗面の圧痛と運動痛が見られ，ときに腫脹も見られる。当然のこと膝関節の運動制限が伴う。とくに，正座が難しい。

治療は安静にすることである。早期治療をしないと整形外科的手術をしなくてはならない場合もある。

原因は明らかではない。

8. テニス肘

テニスのボールを打つとき，ラケットに加わる衝撃は，手関節を介して前腕の筋群に伝わる。手関節を介して前腕の筋群に伝わった衝撃は，肘関節の上腕骨外顆や内上顆付近で大部分が吸収される。

そこで，上腕骨の外上顆部を覆う骨膜と外上顆部に付着する長・短橈側手根伸筋，回外筋などの伸筋群の炎症が起こる。これがテニス肘である。

テニスを愛好する年長児以外に，中年の女性も多い。

肘関節の伸展，前腕回内，手関節の運動などで上腕骨の外上顆部に疼痛がみられる。治療は安静が原則で，重症になると副子固定や圧痛点にステロイド剤を注射をしなくてはならないような場合もある。

9. 野球肘・野球肩

野球の投球動作は以下の4期に分類される（**図44**）。

① ワイルド・アップ期
② コッキング期
　肩の前方部分に緊張が生ずる。
③ アクセレレーション期
　肘が前方に出，肘関節に強いストレスが生ずる。さらに，手がむち状になる。
④ フォロースルー期
　肩甲骨関節窩下縁にストレスが生ずる。

投球動作は肩・肘関節に過大な負荷をかけることになり，過度の投球練習や無理な投球フォームが野球肘・野球肩を生むことになる（**図45**）。

発生防止が大切で，以下に述べるように少年の投球に限度が提言されているので遵守してほしい。

①ワインド・アップ期　②コッキング期　③アクセレレーション期　④フォロースルー期

図44　投球動作と疼痛障害部位

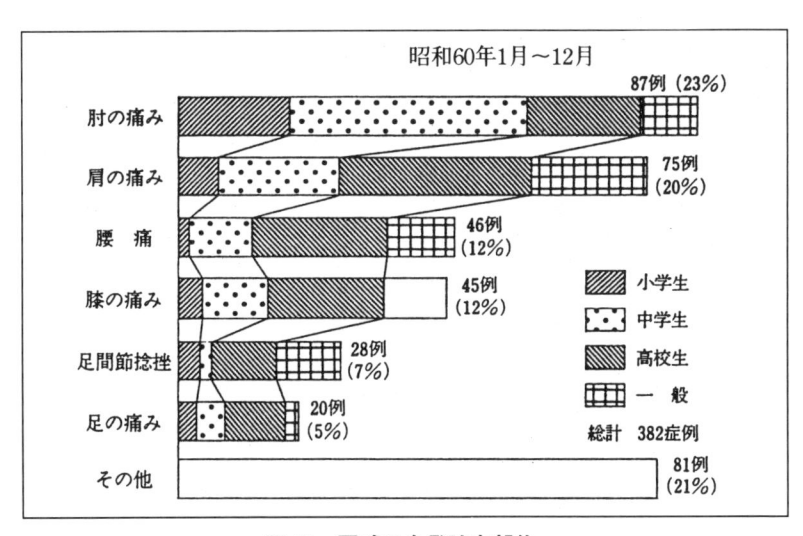

図45　野球の多発障害部位
（原瀬瑞夫編著：いまスポーツで子どもが危ない，五月書房，1990より引用）

D．少年野球への提言

　最近の子どもたちの間ではサッカーがブームになっているが，ひと昔前は少年野球が全盛であった。しかし，今でも少年野球を愛好している少年は多い。
　『日本臨床スポーツ医学会学術委員会整形外科部会（委員長：渡辺好博先生）』では，少年野球におけるスポーツ障害防止の勧告をだしている。画期的で素晴ら

しい勧告であり，以下に示す。

1）野球肘の発生は11，12歳がピークである。したがって，野球指導者はとくにこの年頃の選手の肘の痛みと動きの制限には注意を払うこと。野球肩の発生は15，16歳がピークであり，肩の痛みと投球フォームの変化に注意を払うこと。
2）野球肘や野球肩の発生頻度は，投手と捕手に圧倒的に高い。したがって，各チームには，投手と捕手をそれぞれ2名以上育成しておくのが望ましい。
3）練習日数と時間については，小学生では，週3日以内，1日2時間をこえないこと，中学生・高校生においては週1日以上の休養日をとること，個々の成長，体力と技術に応じた練習量と内容が望ましい。
4）全力投球数は，小学生では1日50球以内，試合を含めて週200球をこえないこと，中学生では1日70球以内，週350球をこえないこと，高校生では1日100球以内，週500球をこえないこと。
なお1日2試合の登板は禁止すべきである。
5）練習前後には十分なウォーミングアップとクールダウンを行うこと。
6）シーズンオフを設け，野球以外のスポーツを楽しむ機会を与えることが望ましい。
7）野球における肘・肩の障害は，将来重度の後遺症を引き起こす可能性があるので，その防止のためには，指導者との密な連携のもとでの専門医による定期的検診が望まれる。

第8章　スポーツ救急

　運動やスポーツは大変に危険な行動といってもよい。つまり，運動やスポーツには事故やケガはさけられないものである。しかし，なるべく事故やケガを減らす努力と十分に対応できる体制と知識が必要である。

A．必要な道具

　スポーツ救急を行うために現場に備えつけておく必要のある医療機器・薬や便利な道具を表18・図46・47に示した。
　医療機器や薬類を使用するほどのけがや救急事態は稀であるが，いかなるスポーツ現場にも最少限度の用具は必ず用意しておく必要がある。

B．実際

　最近は生活が便利になったことから，何か道具がないと何もできないという傾向がある。救急現場でも，救急用具がないから何もできない，ただ救急車や救急隊の来るのを待っているということがよくある。しかし，ちっとした知識と工夫で救急現場でできることがある。
　ちっとした知識と工夫をすると救急現場でできることの代表が，救急患者の適当な場所への移送である。救急事態はいつでも，どこでも起こりえる。救急車や救急隊が速やかに来られないような場所，心肺蘇生を行うには狭かったり，不潔な場所に患者さんが置かれている場合などのときは，患者さんを適切な場所に移送する必要がある。ジーパンやシャツと棒切れがあれば移送用の簡易担架ができ（図48），椅子も使い方によっては担架に早変わりする。
　棒切れや椅子がなければ，2人で担架を作ることもできる。
　ただし，水泳の飛び込みなどで好発する頸椎損傷の移動については慎重な対応が必要である。なるべく，移動は少なく，移動の際には首の固定が必要であり，救急隊や専門医に任せたほうがよい。
　ちっとした知識と工夫も心肺蘇生と同じくらい重要な知識と経験である。

表18　スポーツ現場に備えたい備品例

搬送用機材
  1．担架
  2．毛布，枕
  3．大きなビニール布
  4．バスタオル
  5．その他

救命処置用器材
  1．エアウェイ
  2．開口器
  3．アンビューバッグとマスク
  4．携帯用酸素
  5．携帯用心電図
  6．各種サイズの挿管用チューブ
  7．その他

創傷保護用備品
  1．シーネ(副木)
  2．三角巾
  3．包帯と包帯止め
  4．止血帯
  5．絆創膏
  6．滅菌ガーゼ
  7．カットバン
  8．脱脂綿
  9．油脂
  10．眼帯
  11．綿棒
  12．その他

診察・看護用備品
  1．聴診器
  2．血圧計
  3．体温計
  4．手洗い
  5．膿盆
  6．氷嚢
  7．ゴム手袋
  8．はさみ
  9．ピンセット
  10．ペンライト
  11．舌圧子
  12．毛抜き・爪切り
  13．ナイフ
  14．石鹸・手拭
  15．文具一式
  16．その他

薬品
  1．消毒薬
  2．湿布薬
  3．軟膏類
  4．その他

C．心肺蘇生

心肺蘇生の第一歩は人を集めることである．大声で人を集めて協力を求め，
 ① 救急車の要請．
 ② 保護者や関係者への連絡．
 ③ 心肺蘇生の実施．
の3つの作業を分担して行うことが大切である（**図49**）。

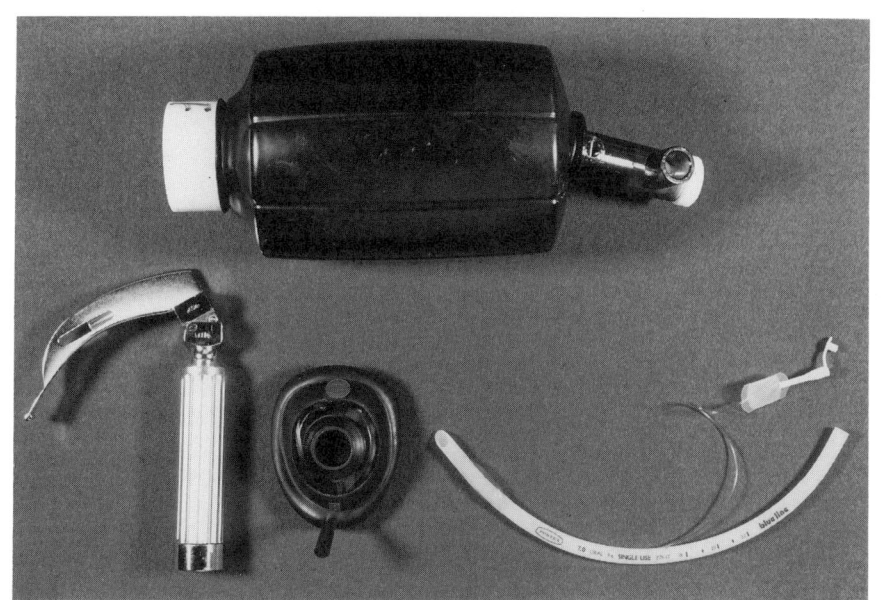

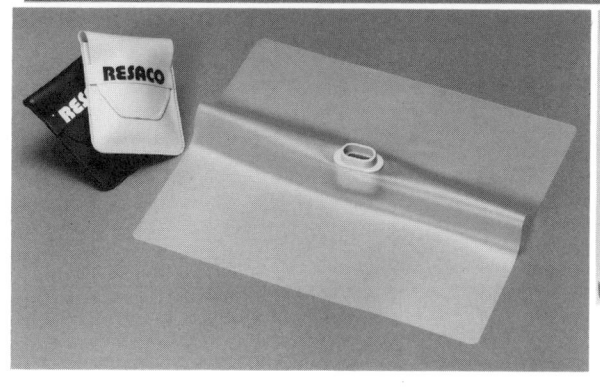

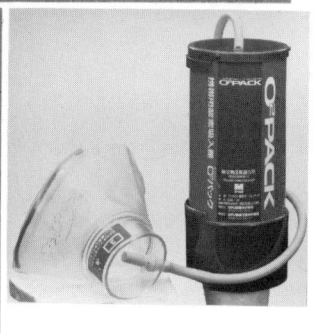

図46　救急セットの1例
上：アンビューバック，下左：開口器，下中央：マスク，下右：挿管チューブ。
左下：人工呼吸時の口あて，右下：携帯用酸素。

心肺蘇生は人工呼吸と心臓マッサージからなる。

1．人工呼吸

　人工呼吸は，先ず気道の確保から開始する。通常，心臓や呼吸が止まると，舌を保持する力がなくなり，舌が気道を塞いでしまうため気道の確保が必要である。気道の確保する方法には，頭を後方に押し曲げ，顎を持ち上げるようにする『頭

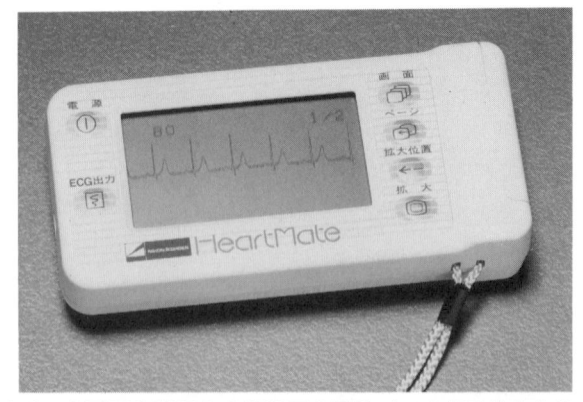

図47　心停止時に心電図を確認する携帯用心電計（日本光電株式会社：03-5996-8025）

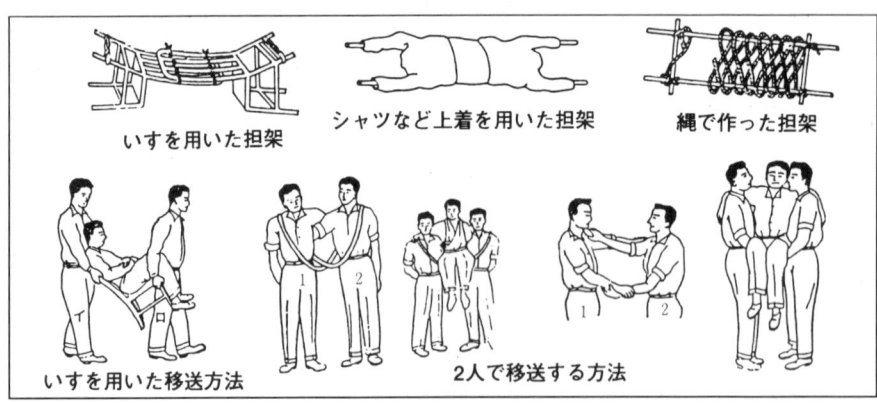

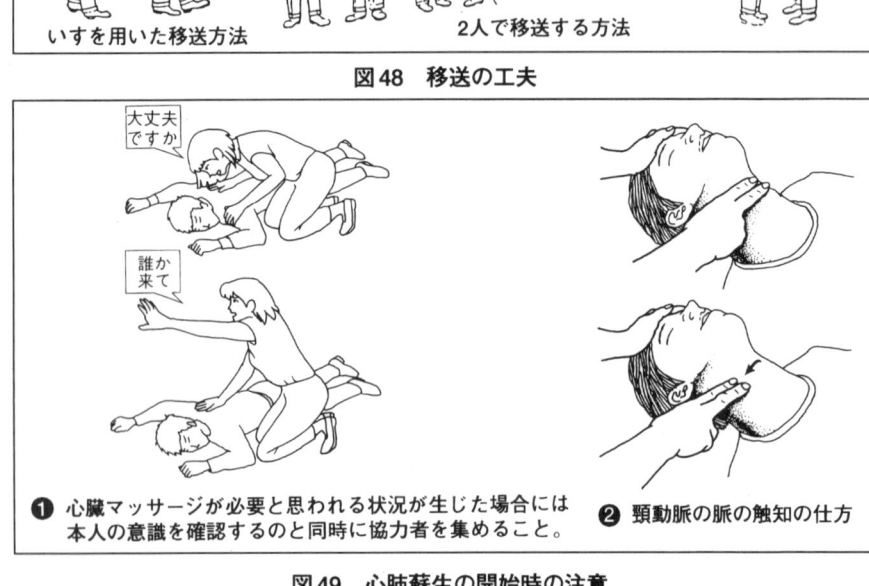

いすを用いた担架　　シャツなど上着を用いた担架　　縄で作った担架

いすを用いた移送方法　　2人で移送する方法

図48　移送の工夫

大丈夫ですか

誰か来て

❶ 心臓マッサージが必要と思われる状況が生じた場合には本人の意識を確認するのと同時に協力者を集めること。

❷ 頸動脈の脈の触知の仕方

図49　心肺蘇生の開始時の注意

| 顎を持ち上げるようにする頭部後屈法 | 下顎を押し出すようにする下顎押し出し法 |

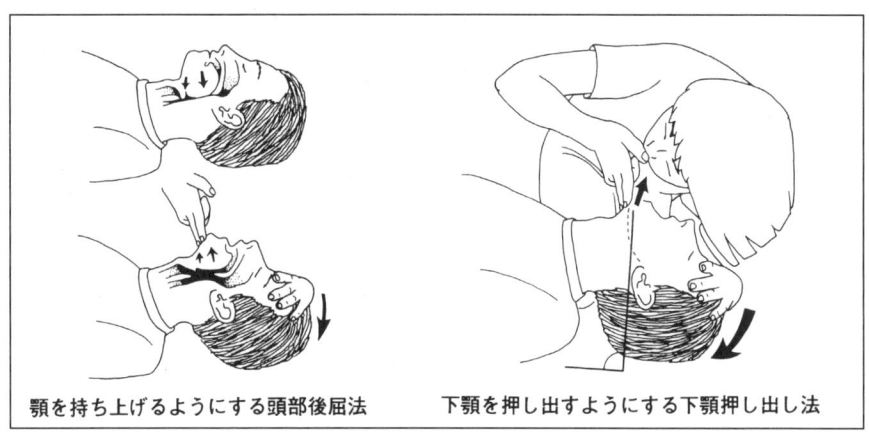

図50　気道確保の方法

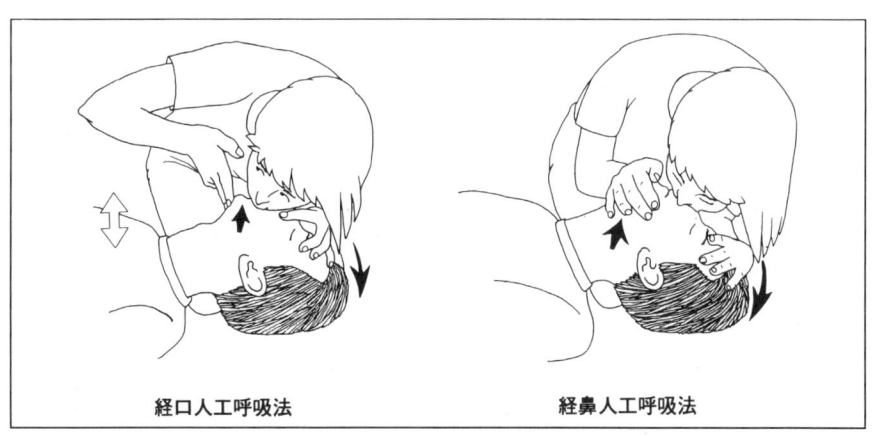

| 経口人工呼吸法 | 経鼻人工呼吸法 |

図51　人工呼吸の方法

部後屈法』と下顎を押し出すようにする『下顎押し出し法』がある（**図50**）。気道の確保ができたら，口や鼻から思い切って空気を送り込む（**図51**）。吹き込む息の回数は乳児で1分間に20回，幼児で1分間に15回，8歳以上で1分間に10～12回でよい。

2．心臓マッサージ

　心臓マッサージには前胸部叩打法と心臓マッサージの2つの方法がある。

　前胸部叩打法は，にぎり拳で前胸部中央を叩く方法である。不整脈による心臓停止時に有効である。

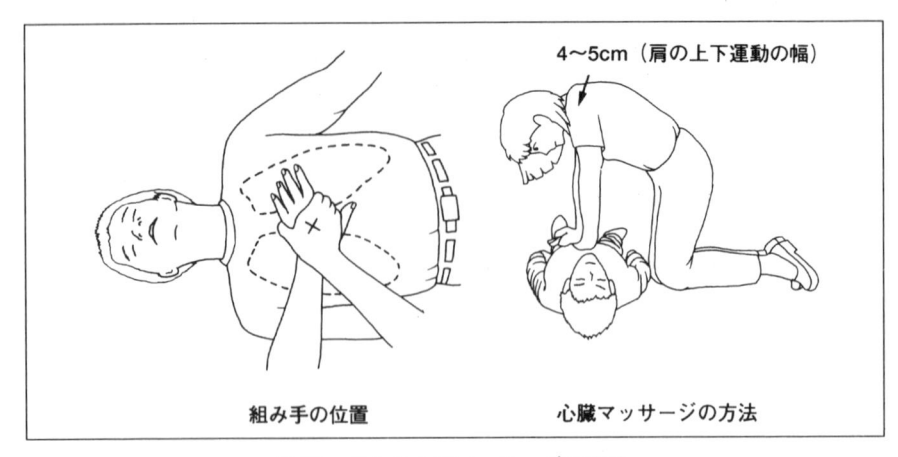

図52 成人の心臓マッサージの方法

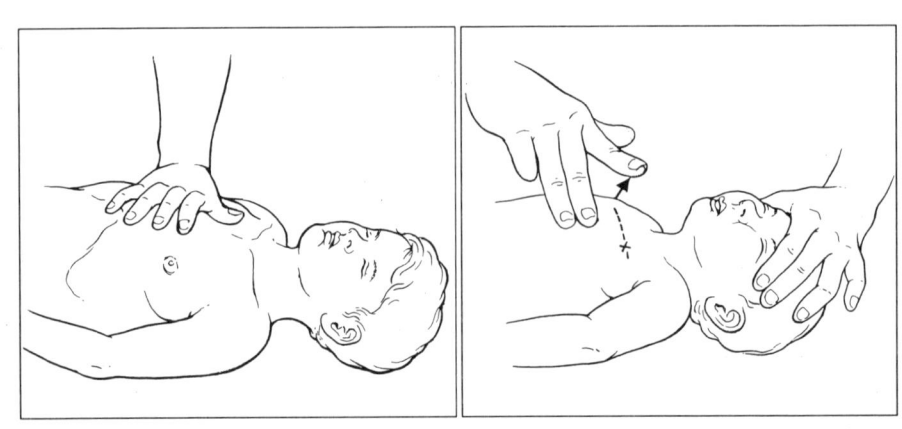

図53 小児の心臓マッサージの方法　　図54 乳児の心臓マッサージの方法

　心臓マッサージは成人では，両手を胸の中央の骨（胸骨）の下1/2～1/3に，組んで置く。そして4，5cmくらい胸骨が沈む力で，真っ直ぐ下方に体重をかけ，1分間に80～100回くらい行う（**図52**）。

　小学生では『胸骨の中央やや下方』または『みぞおち』から指2本くらい上の胸骨を，片手で真っ直ぐ下方に胸骨が3cmくらい沈む力で押す。回数は1分間に100回くらい行う（**図53**）。

　乳幼児では左右の乳頭を結んだ線より指1本くらい下の胸骨を，中指と人指し指の2本で真っ直ぐ下方に胸骨が2cmくらい沈む力で押すが，乳幼児では力加減が難しい。回数は1分間に100回くらい行う（**図54**）。

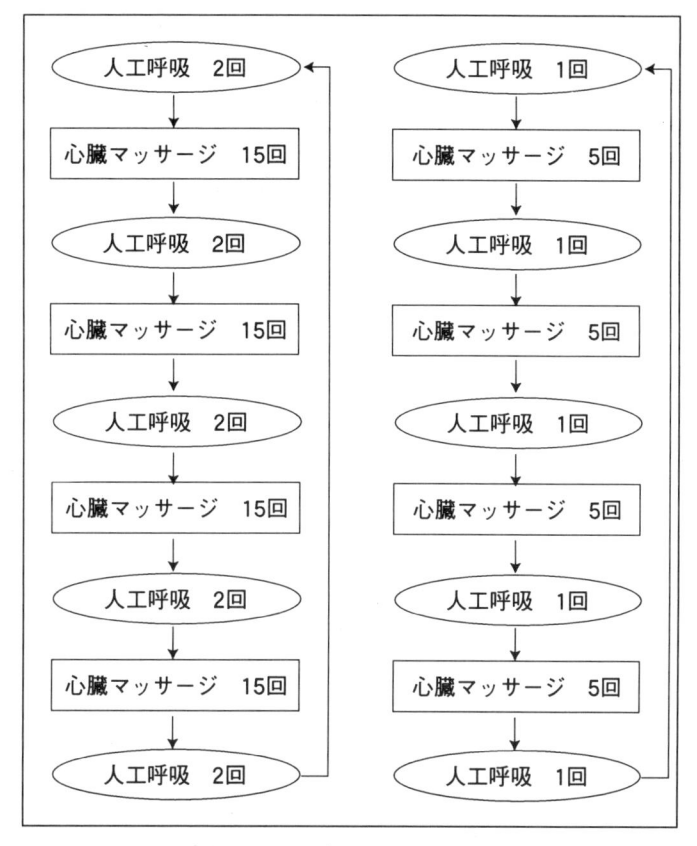

図55 心臓マッサージと人工呼吸の組み合わせ方。
左：1人で行うときの組み合わせ方，右：2人で行うときの組み合わせ方。

1人で心肺蘇生を行うときと2人以上で心肺蘇生を行うときでは人工呼吸や心臓マッサージのやり方が異なる（**図55**）。

心肺蘇生を成功させるには，運動やスポーツと同じようにトレーニングが必要である。医師でも経験が少ないと心肺蘇生は難しい処置である。スポーツ指導者や学校関係者は，日本赤十字社や地域自治体などが催す『心肺蘇生講習会』に積極的に参加することをすすめる。

第9章　メディカルチェック

　運動やスポーツを行うと心臓を中心に体に負担がかかることは前述したとおりである。心臓にかかる負担はときに突然死を起こす。さらに，慢性内科的スポーツ障害の項でも述べたように，スポーツ障害のなかにはサイレントなスポーツ障害もある。
　運動やスポーツを愛好する子どもでも大人と同様に，少なくも1年に1回は『メディカルチェック』と呼ばれる医学的な検査が必要である。

A．メディカルチェック

　運動やスポーツを愛好する子どもの『メディカルチェック』にはさまざまなチェックが必要である。内科的なメディカルチェック，婦人科的なメディカルチェック，整形外科的なメディカルチェック，眼科的なメディカルチェック，耳鼻科的なメディカルチェックなどがあり，年齢，行っている種目，運動量，目的，性などにより受ける必要のあるメディカルチェックの内容が異なる。
　1例として，競技スポーツに勝つことを目的に練習している子どもと健康増進や楽しみで運動やスポーツを行っている子どもでは，メディカルチェックの内容が異なり，当然のこと競技スポーツに勝つことを目的に練習している子どもの方が詳しい検査とチェックが必要である。
　『内科的なメディカルチェック』は年齢，種目，目的，性に関係なく，スポーツを行っている子どもの全員に必要な基本的なメディカルチェックである。
　『内科的なメディカルチェック』は主として心臓のチェックが中心となり，その他に貧血や腎臓の検査（尿検査）なども必要である。
　運動やスポーツを行うと心臓に過度の負担がかかる。普段の生活では異常がなくても，運動やスポーツを行うと心臓に異常が出現することがある。最も極端な例が，前述した心臓に原因する運動中やスポーツ中の突然死である。
　子どもの心臓病による突然死を1人でも減らす目的で，1995年度（平成7年度）から全国の小・中・高校1年生の全員を対象に，学校で必ず心電図検査が行われ，心電図検査以外に以下のような検査や検診が行われている。

① 身体計測。
② 視力・眼科的な病気の有無。
③ 脊柱・胸郭など骨の異常の有無。
④ 聴力・耳鼻科的な病気の有無。
⑤ 虫歯など歯科的な病気の有無。
⑥ 結核の有無。
⑦ 心臓病の有無。
⑧ 腎臓病の有無。
⑨ 寄生虫感染の有無。
⑩ その他。

　スポーツ指導者や保護者は，運動やスポーツを愛好する子どもの学校で行われる検査や検診の結果を総合的に把握する必要がある。学校で行われる検査や検診の結果が，すべて正常ならまず心配することはなく，『内科的なメディカルチェック』としてはほぼ十分である。

　学校で行われた検査や検診で少しでも異常が指摘されたら，なるべく早く小児科医やスポーツ医を受診し，運動やスポーツを継続してよいか確認し，必要があれば治療を受けて，完治させる必要がある。

B．運動部部員の健康管理

　学校のクラブ活動などを含めた運動部部員の健康管理の問題がある。前述したように児童や生徒の突然死は，運動中や運動後に多い。しかし，改善された学校心臓検診でも安静時の心電図しか記録していないため，運動部に所属する児童や生徒には，運動をした後の心電図（運動負荷心電図：具体的には校庭を周回したり，検査専用の階段を昇り降りした直後に心電図を記録する）（**図56**）も記録する学校心臓検診の実施が望まれている。

　著者の経験でも安静時の心電図が正常でも，運動した直後の心電図に不整脈がみられる例がかなりある。なかでも心室（性）頻拍などの突然死を起こす可能性のある重症な不整脈が出現した例も経験した（**表19，図57**）。

　このようなことから今後，学校の運動部部員の健康管理には，運動負荷心電図を用いた学校心臓検診が望まれる。

　前述した水泳中の心電図記録は水泳部部員の健康管理に用いることができる。

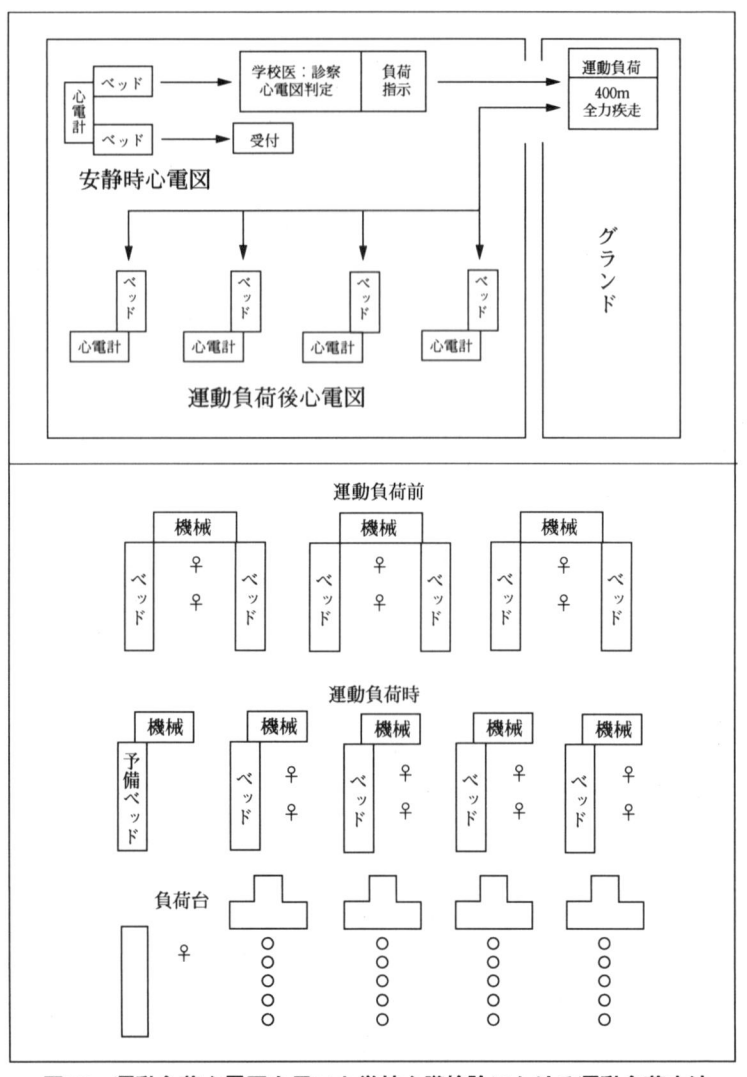

図56 運動負荷心電図を用いた学校心臓検診における運動負荷方法
上段：400m走負荷法，下段：階段昇降（マスター）運動負荷法。

C．骨の健康

　最近，骨粗鬆症という病気が注目されている。骨粗鬆症という病気は，女性の更年期から閉経後に好発することがよく知られている。骨のカルシウム分が減少

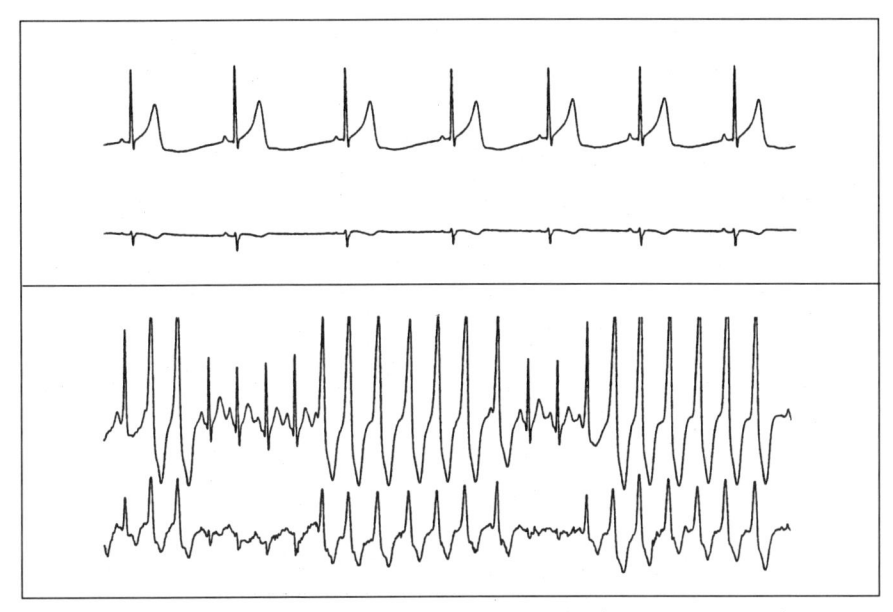

図57　上段：正常の波形，下段：心室（性）頻拍（大きく変形した波）。

し，骨がもろくなり，骨折し易くなるなどの障害がでる病気である。

　適度な運動やスポーツは骨のカルシウム量を増加させる（図58）。そこで，骨粗鬆症の予防策として，子どもの時期からカルシウムを多く含む食事を摂ることと適度な運動やスポーツが奨励されている。最近の国民栄養調査でも，カルシウムは日本人の食生活で足りない栄養素の１つであることが指摘されている。

　長距離ランナー，とくに女子の長距離ランナーに疲労骨折が多発することが知られている。疲労骨折の原因についてはさまざまな原因があるが，骨のカルシウム分の減少を原因の１つにあげる学者もいる。

　激しい練習を行い，オーバートレーニングになると月経が止まり，不適切なダイエットやバランスの悪い食生活をしてカルシウムを十分に摂らないでいると，骨のカルシウム分が減少することは十分に予想される。オーバートレーニングになり月経が止まるということは，『閉経：更年期』と同じ状態になり骨粗鬆症が起こる。

　オーバートレーニングになるような激しい練習や試合は，骨まで駄目にしてしまい，適度な練習や試合でも，不適切なダイエットやバランスの悪い食生活をして，カルシウムを十分に摂らないでいると骨を駄目にしてしまう。

表19 運動負荷心電図を用いた運動部部員を対象とした学校心臓検診の結果

中学生(対象947名)

			負荷前心電図		
			正常	異常所見	
				軽微な異常	明らかな異常
負荷後心電図	正常			PAC 5名 I°AVB 10名	PVC 9名 II°AVB 1名
	異常所見	軽微な異常	PAC 10名 ST低下 5名 補充収縮 2名	PAC 1名	
		明らかな異常	PVC 8名 VT 2名		PVC 5名

高校生(対象824名)

			負荷前心電図		
			正常	異常所見	
				軽微な異常	明らかな異常
負荷後心電図	正常			I°AVB 10名 PAC 2名	PVC 4名
	異常所見	軽微な異常	ST低下 11名 PAC 3名 補充収縮 2名	CRBBB 1名 I°AVB 1名	
		明らかな異常	PVC 13名 WPW 1名 VT 2名 PVC+PAC 1名		PVC 7名

PAC:上室(性)期外収縮,CRBBB:完全右脚ブロック,PVC:心室(性)期外収縮,I°AVB:第I度房室ブロック,WPW:WPW症候群,II°AVB:第2度房室ブロック,VT:心室(性)頻拍

D. 歯や目の健康

　心臓病,腎臓病など『五臓六腑の病気』というと,大変!ということで,医療機関の受診を勧めるスポーツ指導者や保護者がいる。また,『関節が痛く走れない』などという訴えがあると『なるべく早く医療機関に行って,診察してもらっていらっしゃい』と指示されることもある。大変に適切な指示である。

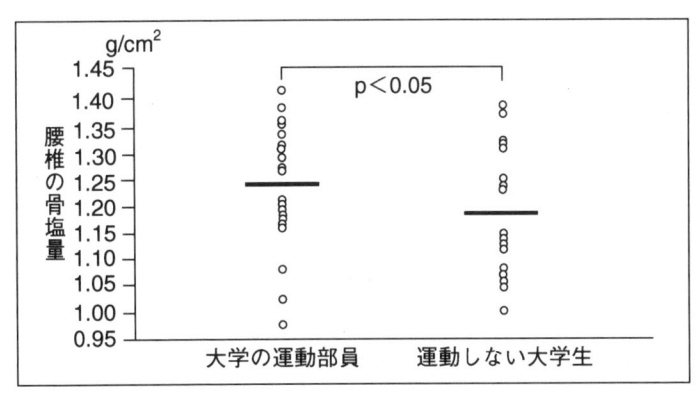

図58 大学運動選手と運動しない大学生の骨塩量の差（辻　秀一他：臨床スポーツ医学 12：1421, 1995 より引用）

　しかし，運動やスポーツを愛好する子どもでは歯や目も大切である。運動やスポーツと歯は一見無関係にみえるが，非常に関係がある。運動やスポーツで力を入れるときに歯を噛みしめる。とくに野球選手など瞬発力を必要とするスポーツ選手の中には奥歯がぼろぼろというスポーツ選手がいる。

　広島カープの野村謙二郎選手が，打率3割・30ホームラン・30盗塁のプロ野球史上6人目の大快挙をなし遂げたときのインタビューで，『虫歯の治療を徹底的に行い，インパクトの瞬間，奥歯を噛みしめるようになり，グッと力が集中できるようになって，打率3割・30ホームラン・30盗塁という快挙ができた』と話している。

　運動やスポーツの効果をあげるには，バランスのとれた食生活が必要で，バランスのとれた食事を，健全な歯でよく噛み砕いて食べることが大切である。運動やスポーツの成績向上には健康な歯が必須である。

　目も歯と同様に大切である。目が悪く，視力が低下していたり，乱視があると，運動やスポーツの成績は向上しない。とくに球技：テニス，サッカー，野球などで近視や乱視があったら巧くならない。スポーツビジアルといって，動くものをみる能力と運動やスポーツとの関係が注目されている。

E．検査内容

　スポーツ参加や健康管理のメディカルチェックとしてはさまざまな検査が行われる。以下に主な検査内容，対象となる子ども，判明することなどを述べる。

1. 胸部レントゲン写真

　胸のレントゲン写真を撮ることによって3つの情報がえられる。1つは心臓・血管に関する情報，もう1つは肺に関する情報，最後はその他の情報である。
　この3つの情報を正確にえるために，胸部レントゲン写真検査は正面から撮ったり，横から撮ったり，斜めから撮ったりする。
　心臓・血管についてわかることは心臓の大きさと形や血管の異常の有無がわかる。心臓病があると心臓は大きくなり，形が変形する。心臓の大きさは正常な子どもで胸幅の半分前後である（**図59・60，表20**）。形は細身の洋梨様である。
　肺について分かることは肺の中の異常の有無がわかる。肺結核や肺炎などの病気があると肺の中に異常な影がみられる（**図61**）。
　その他にわかることは，稀に骨の異常，皮下の異常などがみつかることもある。

2. 心電図検査

　心電図は，心臓が収縮するさいに起こる電気的な変化を記録したものである。
　心臓は右心房の上壁にある『洞結節』という部分から収縮の電気的命令が定期的にでている。『洞結節』から出た電気的命令は右心房の中をとおり，心房と心室の境にある『房室結節』に到達する。『房室結節』に到達した電気的命令は

$$心胸郭係数 = \frac{a+b}{A}$$

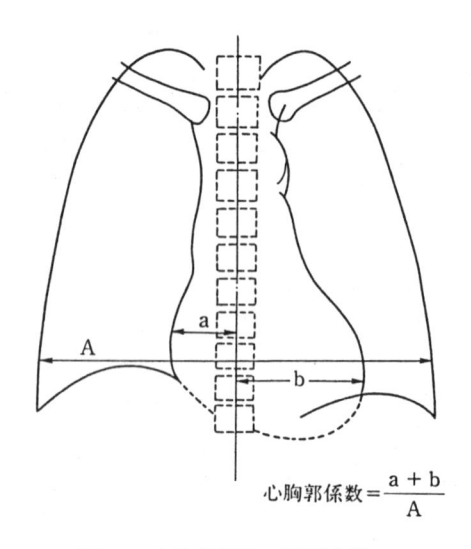

図59　心胸郭係数の計測方法

表20：7歳から12歳までの心胸郭係数

年齢	範囲	年齢	範囲
男　子		女　子	
7歳	0.49〜0.43	7歳	0.50〜0.44
8歳	0.49〜0.42	8歳	0.50〜0.44
9歳	0.49〜0.41	9歳	0.49〜0.43
10歳	0.49〜0.43	10歳	0.49〜0.43
11歳	0.49〜0.43	11歳	0.49〜0.41
12歳	0.46〜0.40	12歳	0.49〜0.41

(Bakwin H, et al：Am J Dis Child 49：861, 1935.
Maresh MM, et al：Am J Dis Child 56：33, 1938.
Lincoln EM, et al：Am J Dis Child 35：791, 1928より引用)

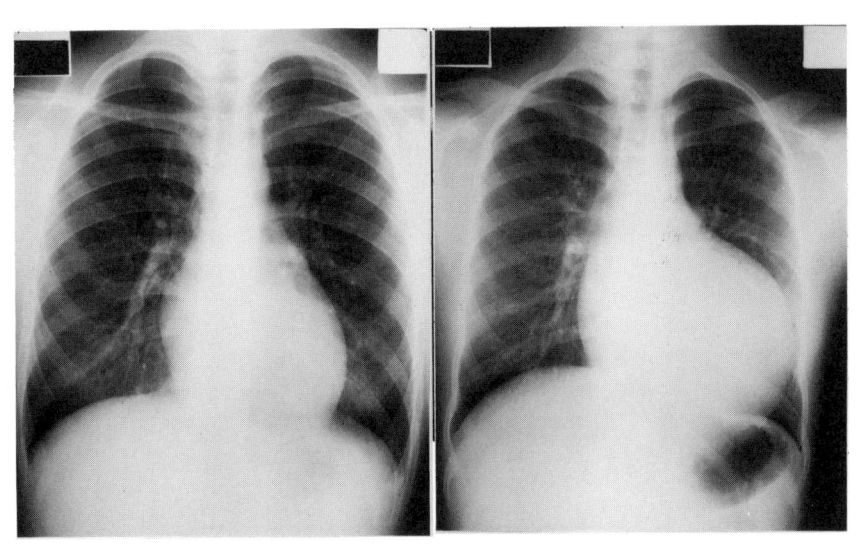

図60
左：正常な心臓（心胸郭比：48.7％）
右：大きな心臓（心胸郭比：64.4％）

『右脚』と『左脚』に別れ，『右脚』は右心室に，『左脚』は左心室に広がり，心臓の筋肉の1本1本に収縮の命令を伝える（図62）。

心電図検査を行って分かることは以下のようなことである。

① 不整脈があるかどうか？の有無．
② 心臓の筋肉が肥大しているかどうか？の有無．
③ 心房に負担がかかっているか？の有無．

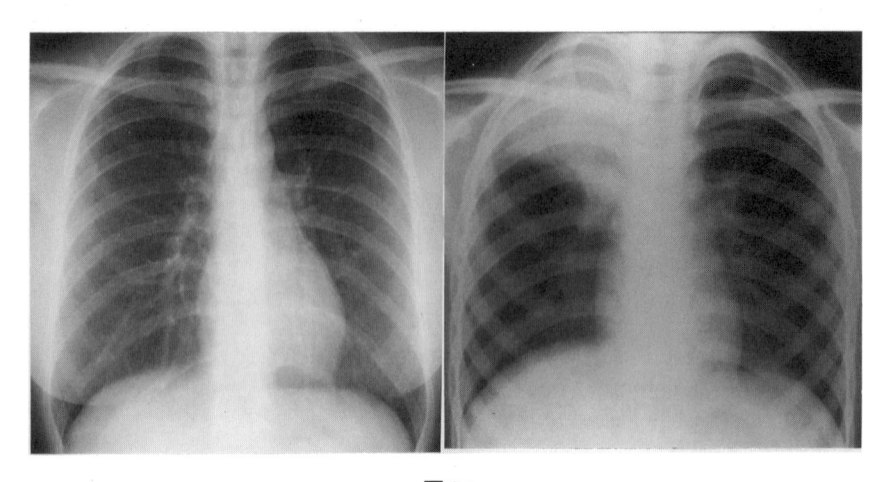

図 61
左：正常な肺
右：右肺の上部の白い所が肺炎

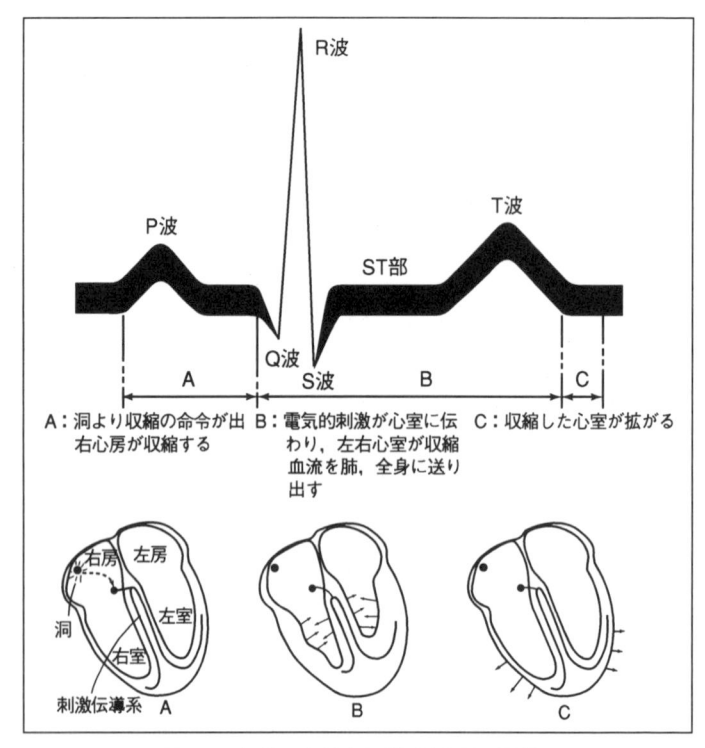

図 62　心臓の収縮と正常心電図の関係

A：洞より収縮の命令が出
　　右心房が収縮する

B：電気的刺激が心室に伝
　　わり、左右心室が収縮
　　血流を肺、全身に送り
　　出す

C：収縮した心室が拡がる

④ 心臓の筋肉に十分に血液が流れているかどうか？の有無.
⑤ その他（心臓の位置など）.

なかでも不整脈があるかどうかの有無が最も得意である。その他の所見は，ときどき騙されることがある。1例として正常な心臓の筋肉の厚さの持ち主でも，心電図上，心臓の筋肉が厚いように見えたり，逆に肥大した心臓の筋肉の持ち主なのに，心電図上，筋肉の肥大がないようにみえたりする。

通常，心電図検査というとベッドに寝て，静かにして検査する。正確には安静時12誘導心電図検査という。

なぜ，12も異なった誘導の心電図を記録するかは，心臓をいろいろな方向からみて，検討する必要があるからである。つまり，心臓を上から見たり，右から見て検討する。結果，異常な心電図を示している誘導から障害を起こしている部位が特定できる。1例として左心室が肥大しているか，右心室が肥大しているか区別することができる。

一口に心電図検査といっても安静時12誘導心電図検査以外にさまざまな心電図検査がある。
① 運動負荷心電図検査。
（階段昇降負荷，自転車エルゴメータ負荷，トレッドミル負荷など）
② 24時間心電図検査（ホルター心電図検査）。
③ その他（平均加算心電図検査・体表面心位図検査・ヒス束心電図検査など）。

3．運動負荷心電図検査

心臓の明らかに悪い人は，静かにしている安静時12誘導心電図でも異常がみられる。

しかし，心臓病の初期，とくに冠状動脈硬化症による虚血性心疾患などでは運動をしたときにのみ心臓の異常が起こる。狭心症では，静かにしているとなにも起こらないが，階段を登ると胸が痛くなるようことがよくある。

心臓を最も酷使する運動したときにのみ異常が出る心臓病の初期では，運動をしているときに心電図検査を行わないと異常がみつからない。

そこで，運動をしているときの心電図を記録して，運動により異常が出現するかどうかを検査するのが運動負荷心電図検査である。

運動負荷方法には階段を昇降する方法，自転車を漕ぐ方法（自転車エルゴメータ法），ベルトの上を走る方法（トレッドミル負荷法）などがある（**図63・64・65**）。

図63　マスター2階段運動負荷心電図検査をしている様子

図64　トレッドミル運動負荷心電図検査をしている様子

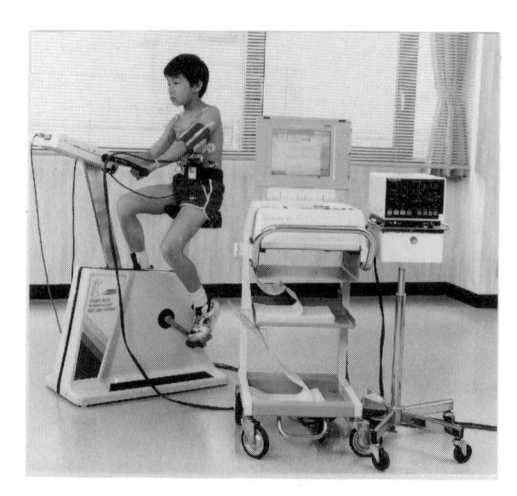

図65　自転車エルゴメータ運動負荷心電図検査をしている様子

　運動やスポーツは心臓に過酷な負担をかける。そこで，運動やスポーツを愛好する子どもと安静時12誘導心電図で不整脈などの軽度な異常が見られた子どもは，運動やスポーツにより心臓に負担をかけても大丈夫か，運動負荷心電図検査まで受けるのが理想的である。運動負荷心電図検査は以下のような子どもが検査

の対象となる。
① 不整脈がみられる子ども。
② 胸痛など心症状を訴える子ども。
③ 心臓病をもっている子どもでは運動してもよいか，どの程度の運動をしてもよいかを決める必要のある子ども。
④ その他：トレーニング効果などをみたり，運動処方をする必要のある子ども。

4．24時間心電図検査（ホルター心電図検査）

さまざまな心電図検査は，心臓の異常を発見するのに有効であることは前述したとおりである。

しかし，一口に心臓の異常といっても，発作的に起こる心臓の異常も数多い。1例として自宅や学校で胸が痛くなるというような異常である。このような場合，病院で安静時12誘導心電図検査や運動負荷心電図検査を行っても異常がみられないことが大部分である。なぜかというと，病院で安静時12誘導心電図検査や運動負荷心電図検査を行っている時間は，僅か15分間程度である。つまり，1日の残り23時間45分の心臓の状態は不明である。そこで，1日分の心電図をウォークマン様のテープレコーダーに記録し，寝ているとき，食事中などの日常生活中の全ての状況や，心臓の異常がみられたときの心電図を記録して検討することを目的に24時間心電図検査（ホルター心電図検査）が行われる（**図66・67**）。

24時間心電図検査（ホルター心電図検査）は以下のような子どもが対象となる。
① 不整脈を持つ子ども。
② 胸痛など心症状を訴える子ども。
③ 心臓病をもっている子どもでは運動してもよいか，どの程度の運動をしてもよいかを決める必要のある子ども。
④ その他：心臓の薬を飲んでいる子ども。

5．心エコー検査

心エコー検査は無痛性に心臓の中をみる検査である。胸部レントゲン写真では心臓の大きさや形がわかるが，心臓の弁の動き，壁の厚さ，心室の大きさなど詳細な異常はわからない。

そこで心臓の弁の動き，壁の厚さ，心室の大きさなどを詳細に知るために心エ

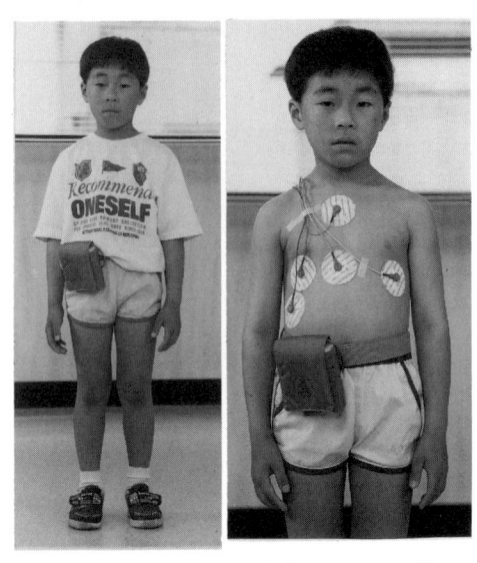

図66　ホルター心電図検査をしている様子

コー検査が行われる（**図68・69**）。心エコー検査をすると以下のようなことがわかる。
① 弁の大きさと機能の異常（逆流の有無など）。
② 心臓の筋肉の厚さ。
③ 心室や心房の大きさ。
④ 血管（含む冠状動脈）の異常。
⑤ 血液の流れの異常。
⑥ 心臓の機能。
⑦ その他。
　心エコー検査は以下のような子どもが対象となる。
① 心臓病がある子どもでは，心臓病を詳細に診断する必要のある子ども。
② 心臓病が疑われる子どもでは，心臓病の有無を診断する必要のある子ども。
③ 心臓の機能をみる必要のある子ども。
④ その他。

6．血液検査
　血液検査ではさまざまなことがわかる。しかし，血液検査でわかることはあま

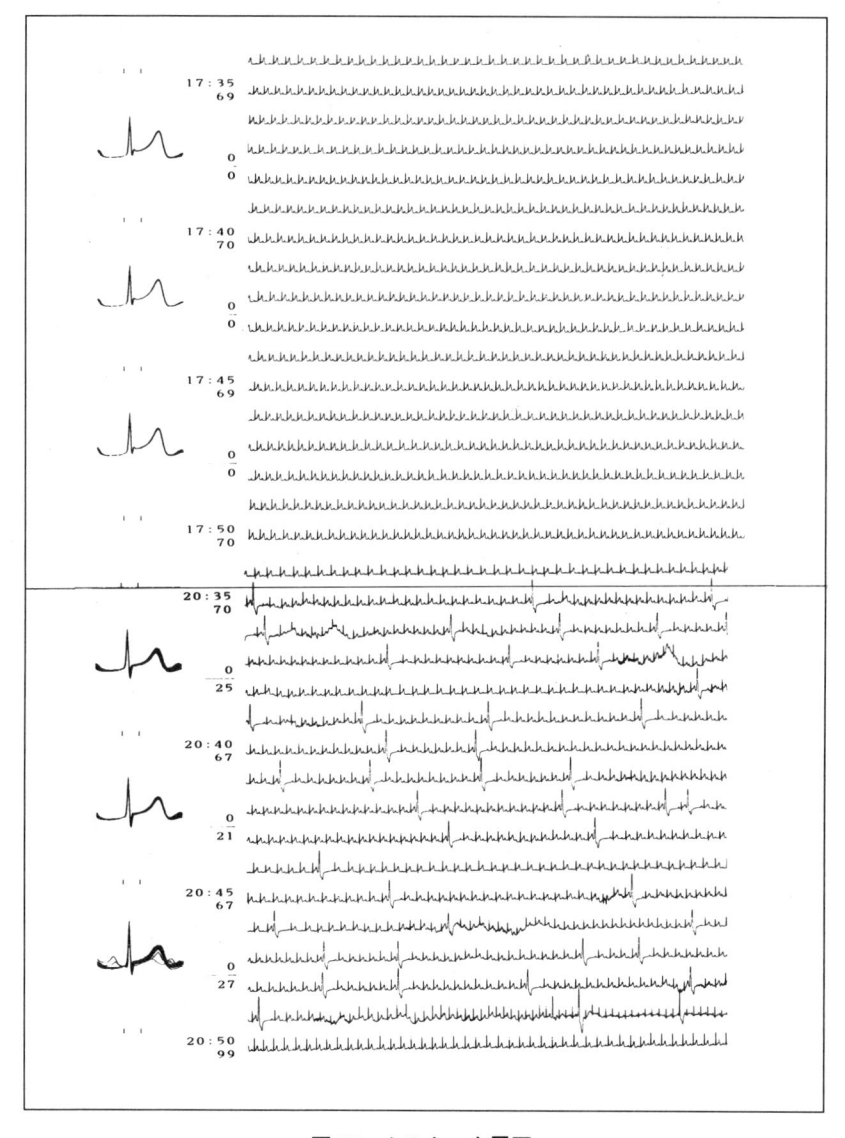

図67 ホルター心電図
上段：正常例
下段：不整脈例

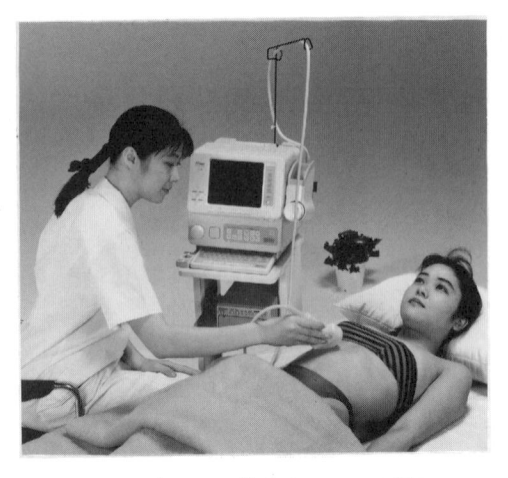

図68　心エコー検査をしている様子

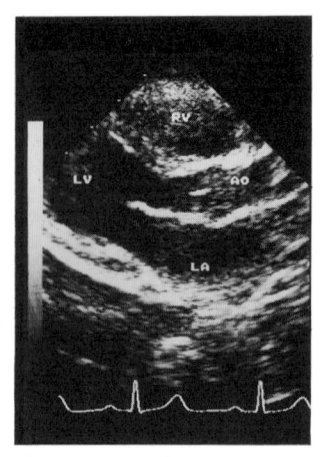

図69　心エコー図
RV：右心室
LV：左心室
LA：左心房
AO：大動脈

りにも多く，一言でまとめることが難しい。
　スポーツ医学的には以下のようなことを目的に血液検査が行われる。
　① 貧血の有無。
　② 肝臓の機能の異常の有無。
　③ 腎臓の機能の異常の有無。
　④ 感染症にかかっているかの有無。
　⑤ 感染症が治ったかどうかの確認。
　⑥ 感染症の程度の確認。
　⑦ ホルモンの異常の有無。
　⑧ アレルギーの原因物質の特定。
　⑨ その他。
　子どもの血液検査で大切なことは，子どもの血液検査の正常値が年齢により異なることである。成人の血液正常検査値はほぼ一定であるが，子どもは年齢により正常値が異なる検査が多い。(図70)。

7．尿検査

　尿の検査は腎臓の病気の有無を調べるのに有効である。

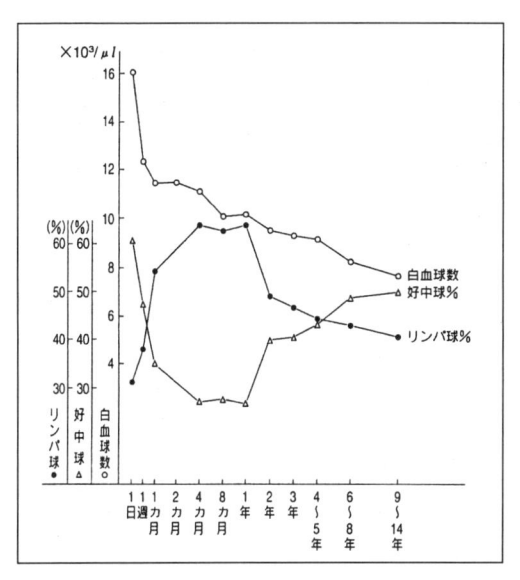

図70 小児の白血球数と好中球・リンパ球比率の年齢変

　スポーツを愛好している子どもでは，蛋白尿や血尿が一過性にみられることがある。
　腎臓病がある子どもでは反復して検査することになる。

8．診察・聴診
　診察をしていて『聴診器で何が分かるのですか？』と聞かれることがある。
　医師が聴診器で聞いているのは主に心臓の音と肺の音である。時にお腹に聴診器を当てることがある。これは，腸が動く時に発生する音を聞いている。つまり，腸が動いているかどうかを聞いている。
　心臓の音は正常では2つの音から成り立っている。2つの音は心臓の弁が閉まるときに生じる音である。心臓に病気があると心臓の音に異常が生じたり，雑音が聞かれる（図71）。心臓の病気により異常な心臓の音が聞かれる場所が異なる。そこで，胸の上から，順序よく聴診器をあてているのである（図72）。肺の音も心臓の音と同じである。肺に病気があると異常な音が聞かれる。肺炎や気管支炎では，通常聞こえない肺の音が聞かる。

9．CT検査
　比較的最近，日常診療に用いられるようになった検査の1つである。CT検査

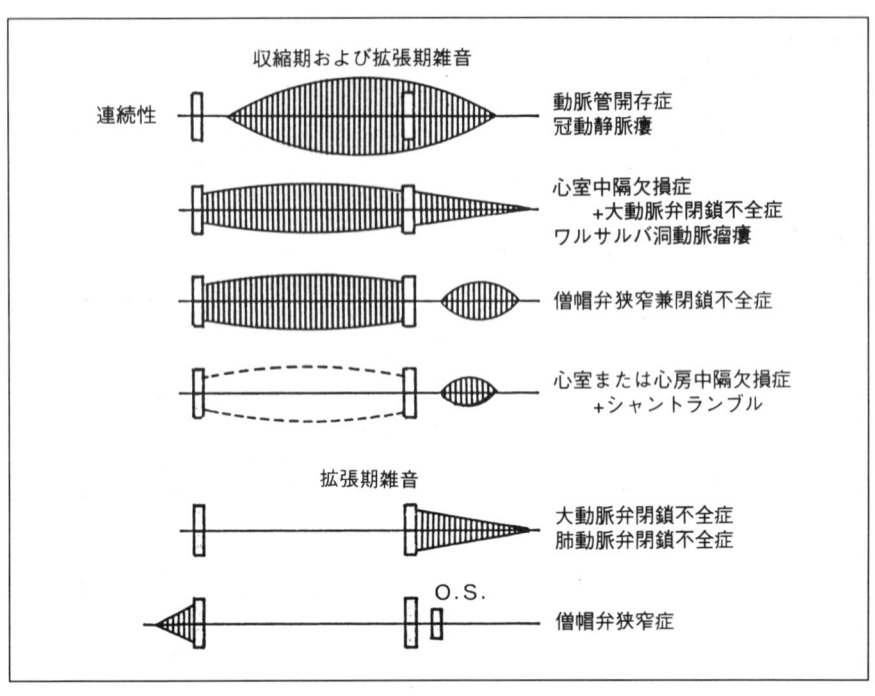

図71 心雑音の型による病型鑑別

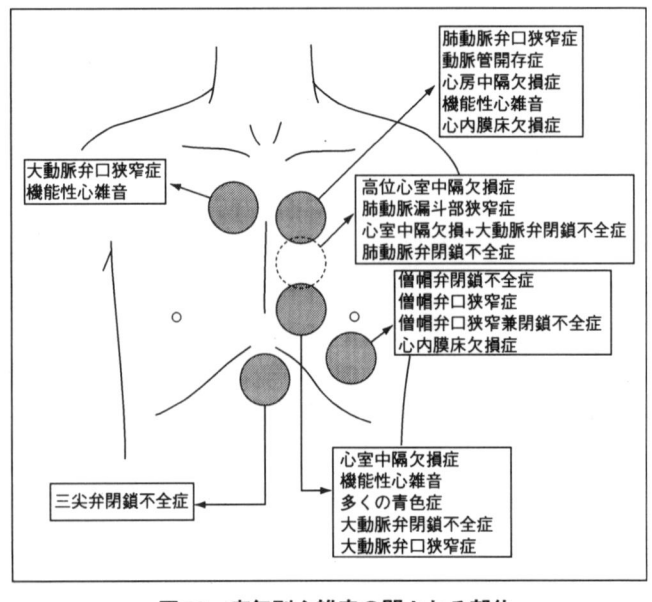

図72 病気別心雑音の開かれる部位

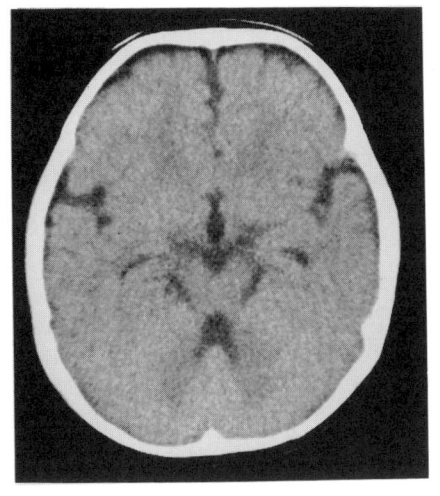

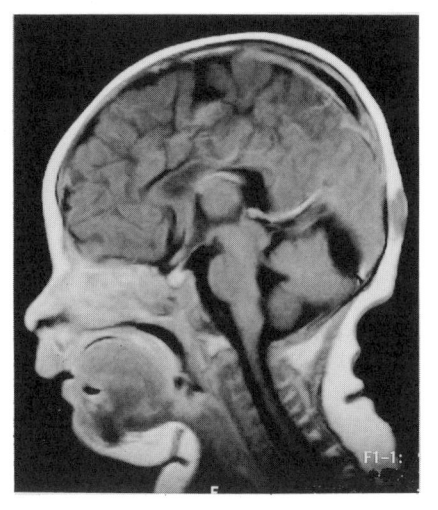

図73 脳CT像　　　　　　　　図74 脳MRI像

は人を輪切りにしたレントゲン写真を撮るレントゲン検査の1つである。

通常の頭のレントゲン写真では，頭の骨の様子は分かるが，脳の中の状況は分からない。しかし，CT検査では脳の中の様子まで鮮明に映し出せる（**図73**）。

その他の臓器でも骨などに邪魔されずに臓器の変化を映し出すことができる。

10. MRI検査

CT検査は人を輪切りにしたレントゲン写真しか撮ることができない。しかも，CT検査は放射線を用いた検査で，頻回に検査することは難しい。そこで，開発されたのがMRI検査である。人の体を自由な方向で輪切りにすることができ，CT検査より詳細に体の中の様子がわかる。しかも，放射線でなく，微妙な磁気の変化を記録することから，放射線障害も全く心配しなくてよい（**図74**）。

最近では脳の病気，骨や関節の病気などの診断に用いられている。

F. 診断書

最近まで，本邦には全国的に通じるスポーツ用診断書がなかった。そこで，日本臨床スポーツ医学会の学術委員会が，1999年にスポーツ診断書のひな型を提言した。小児用のひな型を**表21**に示した。

学校スポーツの診断書は心臓病管理指導表など各種指導表でよいが，今回，提

表21　学校以外で行われるスポーツ参加のための診断書
(臨床スポーツ医学会学術委員会作成)

診断書(案)

氏名：_____　　生年月日：_____年_____月_____日生（満_____歳）
住所：〒_____

問診
　既往歴：_____
　最近の自覚症状：_____
　学校健康診断における異常の有無　　　なし　あり（異常内容：_____）
　アレルギー体質の有無　　　　　　　　なし　あり（異常内容：_____）
　外傷歴（特に頭部外傷,捻挫,骨折など）：なし　あり（部位及び後遺症の有無：____）
　身体各部の疼痛の有無：　　　　　　　なし　あり（部位：_____）

身体所見
　視診：脊柱側彎　　　　　　　　　　　なし　あり（所見：_____）
　　　　胸郭の異常　　　　　　　　　　なし　あり（所見：_____）
　　　　その他の異常　　　　　　　　　なし　あり（所見：_____）
　触診：(圧痛・腫脹などの有無)　　　　 なし　あり（部位：_____）
　聴診：病的心雑音　　　　　　　　　　なし　あり（所見：_____）
　　　　異常な心音　　　　　　　　　　なし　あり（所見：_____）
　　　　呼吸音の異常　　　　　　　　　なし　あり（所見：_____）
　　　　その他の異常　　　　　　　　　なし　あり（所見：_____）
　その他の身体所見：　　　　　　　　　なし　あり（所見：_____）

検査所見（実施した検査内容と異常の有無）

A．上記の問診及び身体所見・検査所見の結果，少なくとも現時点では，運動実施に支障はないものと思われる．
B．上記の_____に所見があるが，少なくとも現時点では，中等度強度まで運動実施に支障はないものと思われる．
C．上記の_____に異常所見があり，現時点では，運動実施を控えるのが望ましい．
　以上のように診断する．

_____年___月___日
医病療機関名・住所・電話番号
＿＿＿＿＿＿＿＿＿＿＿＿＿＿
医師名＿＿＿＿＿＿＿＿＿＿印

言された診断書は学校スポーツ以外の地域クラブ活動などの参加の可否の場合に用いるとよい。

第10章　病気とスポーツ

　運動やスポーツを愛好する子ども達もさまざまな病気にかかる。また，慢性疾患をもった子どもたちがスポーツや運動の参加を希望したり，チームのなかに慢性疾患をもった子どもがいて，適切な指導やアドバイスが必要となることもある。大部分が医師の仕事であるが，スポーツ指導者や保護者も病気とスポーツに関する知識をもつ必要がある。
　ここでは子どもの感染症として最も多い風邪，慢性疾患，水泳時に問題となる疾患を中心に述べる。

A．風邪とスポーツ

　健康な子どもでも年に平均6〜7回は風邪をひくが，風邪の治療の原則は"安静"と"保温"と"栄養"である。
　当然のこと，必要に応じて薬を飲む必要があるが，薬に頼り，夜更かしや不必要な外出などをして体を休めないでいると風邪は治らない。適度に温かくして体を休め，栄養価の高い，バランスのよい食事をとる努力が最も大切である。
　最近の若いお母さんのなかには，"安静"と"保温"と"栄養"という風邪の治療の原則を知らないお母さんがいる。風邪の治療の原則を是非とも守る必要がある。
　風邪にかかった後の運動やスポーツ参加は，十分に体力が回復したことを確認してから参加する必要がある。完治しないでスポーツに復帰すると以下のような危険性がある。
① 風邪が再び悪くなることがある。
② 余病を起こすことがある。
③ オーバートレーニングの原因となる。
④ 運動やスポーツの効果や成績があがらない。

B．慢性疾患とスポーツ

健康な子どもではなく，慢性の病気を持った子どもの運動やスポーツについて述べる。

子どもの慢性の病気で運動やスポーツ参加が問題になることが多いのは心臓病で，ついで気管支喘息，腎臓病，糖尿病，てんかんなどがある。

慢性の病気をもった子どもでは健康な子どもと違い，運動やスポーツが制限されたり，特別な注意が必要となる。当然のこと，慢性の病気を持った子どもの運動やスポーツ参加は主治医とよく相談し，主治医の指示に従うことが基本である。

1．心臓病

a．子どもの心臓病

子どもの心臓と大人の心臓病は大いに異なる。大人の心臓病は冠状動脈硬化症に原因する虚血性心疾患や高血圧が多い。子どもでは虚血性心疾患や高血圧は極く稀である。

子どもの心臓病は生まれつきの心臓病（先天性心疾患）や不整脈が多い。先天性心疾患にはさまざまな病気がある。心室中隔に穴のある心室中隔欠損症や肺動脈弁が細くなる肺動脈弁狭窄症などがある（**図75・76**）。稀に生まれつき不整脈を持っている子どももいる。

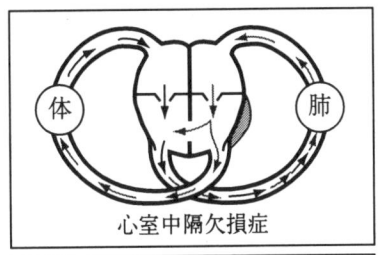

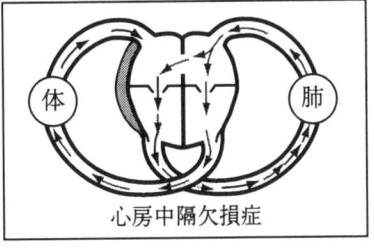

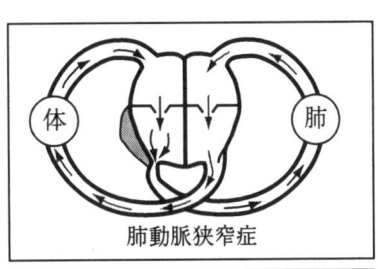

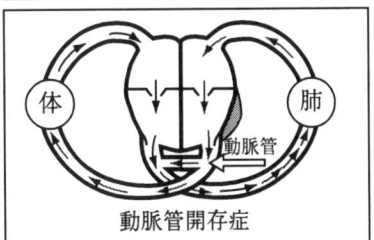

図75

図76

表22 突然死する可能性のある小児心疾患

大動脈弁狭窄症
特発性心筋症（肥大型，とくに閉塞性肥大型）
特発性心筋症（うっ血型）
冠状動脈瘤，狭窄（川崎病）
先天性冠状動脈異常
冠状動脈炎，動脈硬化などによる心筋梗塞
ウイルス性（特発性）心筋炎（急性，慢性）
大動脈瘤
心膜部分欠損
原発性肺高血圧症
先天性心臓病（重症例）
複雑な先天性心臓病の手術後
リウマチ性弁膜症（重症例）
一部の重篤な不整脈
　多形性心室（性）期外収縮
　連発性心室（性）期外収縮
　R on T 型心室（性）期外収縮
　運動により頻発する心室（性）期外収縮
　発作性心室（性）頻拍
　運動により悪化する2度以上の房室ブロック
　第3度房室ブロック（完全房室ブロック）
　洞不全症候群
　QT延長症候群
　完全左脚ブロック
　WPW症候群の特殊な型

最近，冠状動脈瘤後遺症を残す川崎病が増加している。

b．突然死する心臓病

運動やスポーツ中の子どもの事故死の原因の多くは心臓に原因するという資料がある。そこで多くの人が，心臓病の子どもは皆突然死すると思っているようである。

全ての子どもの心臓病が突然死などの事故を起こすのかというと，突然死する心臓病は限られている。**表22**に示した心臓病以外はまず突然死することはない。

c．運動指導

心臓病の子どもの運動指導内容を本人，保護者，学校医・園医，学校・園関係者などに伝えるために『心臓病管理指導表』が全国的に用いられている（**図77**）。

図77 心臓病管理指導表（児童・生徒用）

表23　心臓病管理指導区分表の運動強度区分の基準

高度： RMR 7以上	1．心拍数が170拍/分以上に増加する持続性運動 2．酸素負債が多い運動で，かつ，その持続時間あるいは繰り返し回数が多い運動 3．集団形式で行われ，個人による強度の調整が困難と思われる運動
中等度： RMR 4～3	1．心拍数が140～170拍/分程度に達する持続的運動 2．運動強度は比較的高いが，持続時間，繰り返し回数が比較的少ないもの 3．個人による強度調整が容易な運動
軽度： RMR 3以下	1．心拍数が140拍/分未満の持続的運動 2．持続時間，繰り返し回数の少ない運動 3．個人による強度調整が容易な運動

『心臓病管理指導表』は診断書に準ずるものである。

　心臓病管理指導表には学校体育授業，部活動，各種の学校行事の3つが記載されている。

　学校体育授業については小学1年生から4年生までと小学5年生以上に2分されている。学校体育授業が小学1～4年生までと小学5年生以上に分けられている背景は，小学1～4年生と小学5年生以上では学校体育授業と運動強度が異なるからである。

　学校体育授業は運動強度により軽い運動，中等度の運動，強い運動の3段階にわけられている（**表23**）。

　管理指導区分は，算用数字1～4の医療面からの区分と英字A～Eの学校生活規制面からの区分から成り立っている。

　算用数字1～4の医療面からの区分は以下のようになっている。

　1：要医療・医療（主として服薬）を受けているか，医療（主として外科手術）を受ける必要がある。

　2：要予防内服・川崎病で抗血栓剤，リウマチ熱再発予防でペニシリン，心不全で強心剤・利尿剤などの薬剤を服用中である。

　3：要観察・1～2回／1～数年間の定期的な循環器検査や学校心臓検診を受ける必要がある。

　4：管理不要・定期循環器検査や学校心臓検診を受ける必要がない。

　英字A－Eの学校生活規制面からの区分は以下のようになっている。

　A：教室内学習・学校体育授業共に全て禁止する。

表24　心臓病管理指導表の読み方

算用数字1～4の医療面から区分は以下のようになっている。
1：要医療・医療（主として服薬）を受けているか，医療（外科手術）を受ける必要がある。
2：要予防内服・川崎病で抗血液凝固剤を，リウマチ性弁膜症でペニシリンなどの薬剤を服用している。
3：要観察・年に1～2回の循環器検査が必要である。
4：管理不要・定期的な循環器検査の必要がない。

英字A～Eで示された学校生活規則面からの区分は以下のようになっている。
A：教室内学習・体育授業共にすべて禁止。
B：教室内学習のみ可，体育授業はすべて禁止。
C：教室内学習と軽い運動強度の体育授業は可。
D：強い運動強度の体育と運動部活動は禁止。
E：体育授業の参加は制限がないが，運動部活動は禁止（E－禁）と可（E－可）の場合がある。

3－E－可：運動制限は必要ないが，年に1～2回の循環器検査が必要である。
3－E－禁：運動部活動は禁止であるが，すべての体育授業の参加は可。その上，年に1～2回の循環器検査が必要である。
3－D：運動部活動と強い運動強度の体育は禁止。その上，年に1～2回の循環器検査が必要である。
4．管理不要：心臓病は存在するが，程度も極く軽く，心臓病児として取り扱う必要がない。当然のこと，運動制限や定期的な循環器検査の必要もない。

B：教室内学習のみ可・学校体育授業は全て禁止する。
C：教室内学習と軽い運動強度の学校体育授業は行ってよい：可が，軽度の部活動と管楽器の演奏は禁止（C－禁）と行ってよい（C－可）の場合がある。
D：強い運動強度の学校体育授業と運動部活動は禁止である。
E：学校体育授業の制限はないが，運動部活動は禁止（E－禁）と行ってよい（E－可），場合がある。

d．心臓病の子どもの運動制限

心臓病の子どもの運動は，必ず主治医の指示に従うことが原則である。
　心臓病の子どもの運動は『心臓病管理指導表』の医療面からの区分と学校生活規制面からの区分の2つを組み合わせて管理指導区分が決まる。具体的には以下のようになる（**表24**）。

4．管理不要：心疾患は存在するが，程度も極く軽く，心疾患児として取り扱う必要がない。当然のこと運動制限や定期的な循環器検査や学校心臓検診

図78　心臓手帳

を受ける必要もない。

3－E－可：運動制限は一切必要ないが，1～2回／1～数年間の定期的な循環器検査や学校心臓検診を受ける必要がある。

3－E－禁：運動部活動は禁止であるが，全ての学校体育授業の参加はしてもよい。その上，1年に1～2回の定期的な循環器検査や学校心臓検診を受ける必要がある。

3－D：運動部活動と強い強度の学校体育授業は禁止である。その上，1年に1～2回の定期的な循環器検査や学校心臓検診を受ける必要がある。

　心臓病の子どもの運動指導に用いるものは，『心臓病管理指導表』以外に『心臓手帳』もある（**図78**）。

　管理指導区分を決めるための各種の管理基準や目安が作られた背景は，A県の医師には『運動制限は必要ない』と指導されていたB君。C県に転居した所，C県の医師には『厳重な運動制限が必要』と指導されるということがある。このように『異なる運動指導』が行われると，保護者・本人に混乱が起こる。そこで，全国的にほぼ統一的な運動指導ができるように，各種の管理基準や目安が作られている。

各種の管理基準や目安を熟知した医師の指導を受けるとよい。

e．指導上の注意

心臓病の運動指導で難しいのは，中学生男子や運動部に所属している高校生である。

どうしても運動制限が必要なときには，まず心電図など循環器検査や心臓病の勉強をさせることが大切である。不整脈をもっている子どもでは正常心電図と本人の心電図の比較からはじめる。さらに，公立図書館や学校の図書館で心臓の解剖，不整脈などの心臓病などについて勉強させることが大切である。同時に，所属している運動部を止めるのではなく，運動部内での役割の変更を勧める。具体的には運動やスポーツに勝つためには優秀なコーチや作戦が必要であることを説き，運動制限の必要な暫くの間，作戦部長や厚生部長をすることを勧める。このような運動部内での役割の変更で，友人関係を崩すことなく，精神的に安定して運動制限ができることが多い。

いずれにせよ，運動制限の必要な児童・生徒には根気よく，反復して運動制限の必要性を話すと同時に，運動制限の必要な期間の生活を考えてあげること，本人が心臓病について勉強することを指導することが大切である。

ときに，主治医から禁止したり制限する運動指導だけでなく，子どもができる運動処方を教えてもらうとよい。

最後に，プールに入るときに心臓病の子ども達の帽子に赤印を付けることは何の意味もないので止めてほしい。子どもたちが傷付いている。

f．健康教育

小学生高学年や中学生，高校生には『自分で自分の心臓を守るための健康教育』が必要である。具体的には以下のような教育を繰り返し行う必要がある。

① 精神的教育。
② 禁煙教育。
③ 肥満防止教育。
④ 禁酒教育。
⑤ 減塩教育。
⑥ 休養の教育。
⑦ 感染性心内膜炎予防教育。
⑧ 楽しむスポーツ教育。

自分の心臓を優しく使用し，60年間悪化することなく使用する教育が必要である。

表25 心疾患児童・生徒の運動管理・指導の目安

管理区分決定の目安	A	B	C
	在宅医療または入院の必要なもの	心不全，危険な不整脈などの治療中のもの，高度のチアノーゼのあるもの	心不全出現の可能性のあるもの，運動に際し危険を伴う可能性のあるもの
	D	E	
	中等度の心疾患，残存異常のある術後心疾患	軽症心疾患（心室中隔欠損症，肺動脈狭窄症，心房中隔欠損症，動脈管開存症，僧帽弁閉鎖不全症，心臓後遺症のない川崎病既往者など）残存異常のない術後心疾患	危険を伴わない不整脈（完全右脚ブロック，1度房室ブロック，上室（性）期外収縮（散発性，運動負荷で消失するもの），頻脈発生の既往のないWPW症候群など）

心臓病の子どもの管理にはさまざまな人が関与する。とくに学校関係者は直接的に関与することが多い。そこで，心臓病の子ども指導する中に，1人でも不勉強な大人がいたり，理解のない大人がいると心臓病の子どもの管理に弊害がでる。心臓病の子ども同様に，学校関係者やスポーツ指導者など心臓病の子どもを指導する大人が勉強し，正しい理解をすることが望まれる。

　g．先天性心疾患を持った子ども

　軽症の先天性心疾患とは，心雑音はあるが，胸部レントゲン写真上の心臓は正常か，ほんの少し大きい心臓で，正常な心電図を有する心臓病の子どもである。大部分の軽症の先天性心疾患児は運動制限の必要はない。

　胸部レントゲン写真や心電図で明らかな異常のある中等症以上の先天性心疾患を持つ子どもは，運動部活動などの制限（3－E－禁以上）が必要である。

　先天性心疾患児の運動指導と管理の目安を**表25・26・27**に示した。

　h．先天性心疾患術後の子ども

　先天性心疾患術後の子どもの運動指導は，一律にはいかない。原因は同一病名の先天性心疾患の外科手術後の病態や血行動態が異なるからである。とくに，チアノーゼ性先天性心疾患では顕著である。

　外科手術後の病態や血行動態に関係する因子としては手術した年齢，手術後からの経過年数，手術の方法，修復状況（完治していない部分の存在），不整脈，手術前の先天性心疾患の重症度などが関係する。そこで，先天性心疾患で外科手

表26 E(可)に該当する心疾患

1. 先天性心疾患

手術前の先天性心疾患	
心室中隔欠損症	心電図と胸部X線像が共に正常範囲のもの。
心房中隔欠損症	心電図は不完全右脚ブロック・右軸偏位のみで,胸部X線像では軽度の左第2弓突出のみ。
肺動脈狭窄症	心電図は正常範囲で,胸部X線像では軽度の左第2弓突出のみ。
動脈管開存症	心電図と胸部X線像がともに正常範囲のもの。
手術後の先天性心疾患	
心室中隔欠損症 心房中隔欠損症 肺動脈狭窄症 動脈管開存症*	心電図と胸部X線像が共に正常範囲のもの。

*注):動脈管開存症は管理不要としても可。

2. 後天性心疾患

僧帽弁閉鎖不全症	心電図と胸部X線像が共に正常範囲のもの。
川崎病後遺症	厚生省川崎病研究班長期管理基準参照。

注):断層心エコー図・冠動脈造影などで心後遺症ないことを確認されたものは管理不要として可。

3. 不整脈

小児不整脈管理基準のE(可)に該当するもの。

4. 僧帽弁逸脱症

僧帽弁逸脱症	心電図と胸部X線像が共に正常範囲のもの。

注):心エコー図で軽度の僧帽弁逸脱所見をみ,他に所見のないものは管理不要で可。

術した子どもの運動指導は,個々の病態や血行動態を慎重に検査し,指導されるのが原則であり,主治医の指導に従ってほしい。

　ⅰ.不整脈を持った子ども

　学齢期に運動指導を必要とする心疾患としては不整脈が最も多い。大部分の不整脈を持った子どもは運動制限の必要はない。

　運動制限が必要な主な不整脈は以下のようなものである。

　① 運動負荷で増加,多形性,連発,R on T, 期外収縮後T波異常などを認める心室(性)期外収縮。

　② 心室(性)頻拍。

　③ 上室(性)頻拍。

表27　E（禁）に該当する心疾患

1．先天性心疾患

手術前の先天性心疾患	
心室中隔欠損症	心電図で軽度の左室肥大，あるいは胸部X線像は軽度の心拡大と肺血管陰影の増強のもの。
心房中隔欠損症	心電図で右室肥大，あるいは胸部X線像は心拡大と肺血管陰影の増強のもの。
肺動脈狭窄症	心電図で軽度右室肥大のもの。
大動脈狭窄症	心電図と胸部X線像が共に正常範囲。
動脈管開存症	心電図で軽度の左室肥大，あるいは胸部X線像で心拡大と肺血管陰影の増強のもの。
心内膜床欠損症	心電図で心室肥大なく，かつ胸部X線像でも心拡大ないもの。
手術後の先天性心疾患	
ごく軽度の異常所見を呈するもののうちにE（禁）に該当するものがあるが，多くの因子が関与するので専門医の指示を受ける。	

2．後天性心疾患

僧帽弁閉鎖不全症	心電図で軽度の左室肥大，そして胸部X線像で軽度の心拡大あるもの。
大動脈弁閉鎖不全症	心電図と胸部X線像がともに正常範囲のもの。
川崎病後遺症	厚生省川崎病研究班長期管理基準参照。

3．不整脈

小児不整脈管理基準のE（禁）に該当するもの。

4．心筋症

小学校低学年の軽症例（ただし専門医の指示を受けること）。

5．僧帽弁逸脱症

僧帽弁逸脱症	心電図で左室肥大あり，そして胸部X線像で軽度の心拡大あるもの。

　④　心房細動・粗動。
　⑤　QT延長症候群。
　⑥　上室（性）頻拍や心房細動を伴うWPW症候群。
　⑦　完全左脚ブロック。
　⑧　運動負荷で不変な第2度房室ブロック。
　⑨　高度または第3度房室ブロック。
　⑩　洞不全症候群。

表28 基礎疾患を認めない不整脈の管理基準

不整脈の種類	条件	管理区分	観察期間
洞性不整脈		管理不要（4）	
接合部調律 接合部補充収縮		管理不要（4）	
上室(性)期外収縮	心房性，結節性	管理不要（4）	
	多形性	E禁または可	6ヵ月～1年ごと
上室（性）頻拍	①比較的短時間で消失 ②自覚症状がない，あるいは極めて軽い症状 ③心不全がない ④運動によって誘発されない 　以上の4つの条件を満たすもの	E可	1～6ヵ月ごと
	運動によって誘発される ただし頻拍時に心拍数が少なく，短時間に消失する	D E禁	1～3ヵ月ごと 3～6ヵ月ごと
	心不全を認めるが，治療が奏効する	DまたはE禁	必要に応じて
	薬物は奏効しないが，心不全や自覚症状がない	DまたはE禁	1～3ヵ月ごと
	薬物は奏効せず，心不全がある	A～C	必要に応じて
心房細動，粗動	基礎疾患のない場合	上室性頻拍に準ずる	
心室(性)期外収縮 運動負荷心電図を記録し，必要に応じてHolter心電図も記録する	連発なし，単形性，負荷心電図で消失，減少，不変	E可または長期観察例は管理不要（4）	1～3年ごと
	ただし，小学校低学年で，1～3分の安静時心電図においてその発生が少ない（8/分以下）	E可または管理不要（4）	1～3年ごと
	負荷心電図で増加，多形性，連発	DまたはE禁	1～6ヵ月ごと
	安静心電図で多形性，連発，R on T，期外収縮後T波異常	DまたはE禁	必要に応じて
心室（性）副収縮		心室（性）期外収縮に準ずる	

(表28の続き)

不整脈の種類	条件	管理区分	観察期間
心室(性)頻拍 　運動負荷心電図, Holter心電図, 心エコー図を記録し, 慎重に決定	失神発作, 心不全, 自覚症状がなく, 運動負荷で消失, または減少する非持続型心室(性)頻拍	DまたはE禁	1～6ヵ月ごと
	失神発作, 心不全の既往はないが, 運動負荷によって誘発される。または減少しない	B～D	必要に応じて
	失神発作, 心不全の既往はあるが, 薬物が奏効し, 運動によって誘発されない	CまたはD	必要に応じて
	失神発作または心不全を伴い, 薬物が十分に奏効しない	AまたはB	必要に応じて
心室固有調律	心室(性)頻拍との鑑別が必要	E可	6ヵ月～1年ごと
QT延長症候群	失神発作の既往あり	B～D	必要に応じて
	薬物服用でコントロールされている	DまたはE禁	1～3ヵ月ごと
	孤立性QT延長症候群(症状なし)	E禁または可	6ヵ月～1年ごと
WPW症候群	上室(性)頻拍の既往なし	E可	1～3年ごと
	上室(性)頻拍の既往あり	上室(性)頻拍に準ずる	
完全右脚ブロック	左軸偏位や, PR時間延長合併症例は経過観察	E可または管理不要（4）	1～3年ごと
完全左脚ブロック		慎重に経過観察	
1度房室ブロック 　PR時間＞0.24秒は運動負荷が望ましい	PR≦0.24秒	管理不要（4）	
	運動負荷によりPR時間が正常化する	管理不要（4）	
	運動負荷によりPR時間が正常化しない	E可	1～3年ごと
	運動負荷により2度以上の房室ブロックが出現	該当項目に準ずる	
2度房室ブロック 　運動負荷で正常房室伝導がみられない場合はHolter心電図記録する	運動負荷でWenckebach型が正常房室伝導になる	E可または管理不要（4）	1～3年ごと
	運動負荷で1度房室ブロックになる	E禁または可	1～3年ごと
	運動負荷で2度房室ブロックになる	DまたはE禁	6ヵ月～1年ごと
	運動負荷で高度または完全房室ブロックに進む	該当項目に準ずる	
		MobitzⅡ型	慎重に経過観察

(表28続き)

不整脈の種類	条件	管理区分	観察期間
高度および完全房室ブロック 運動負荷心電図, Holter心電図, 電気生理学的検査の結果を考慮する	運動負荷時心室拍数が1.5〜2倍以上で症状がない	DまたはE禁	3〜6ヵ月ごと
	運動負荷時心室拍数が1.5〜2倍以上に増加しない	D	3〜6ヵ月ごと
	運動負荷時に頻発する心室(性)期外収縮や心室(性)頻拍が見られる	BまたはC	必要に応じて
	Adams-Stokes発作や心不全を伴う	A〜C	必要に応じて
洞不全症候群 運動負荷心電図, Holter心電図, 電気生理学的検査の結果を考慮する	徐脈傾向が軽度で, 運動負荷で心室拍数の増加が良好	DまたはE禁	3〜6ヵ月ごと
	運動負荷で心室拍数の増加が悪い	BまたはC	必要に応じて
	Adams-Stokes発作や心不全を認める	A〜C	必要に応じて

注1) 運動負荷は十分の監視のもとに心拍数150/分以上になることを目標とする。ただし高度または完全房室ブロック, 洞不全症候群ではこの心拍数を目標としない。方法としてはマスター負荷, エルゴメータ法, トレッドミル法, 跳躍, 不肢屈伸, その他がある。

注2) 心室(性)頻拍, QT延長症候群, 高度および完全房室ブロック, 洞不全症候群などの不整脈は専門医による管理が望ましい。

注3) 管理を要しない不整脈は洞性不整脈, 接合部調律(結節調律, 冠静脈洞調律, 左房調律, 下部心房調律およびいわゆる移動性ペースメーカなど)および接合部補充収縮, 多くの上室(性)期外収縮や上に述べた不整脈のうち管理不要(4)としたものである。

基礎疾患を認めない不整脈をもった子どもの運動指導と管理の目安を**表28**に示した。

2. 腎臓病

a. 子どもの腎臓病

子どもの腎臓病には全く無症状で, 尿を検査すると蛋白尿や血尿(尿に血液が見られる)がみられる程度の子どもから浮腫などの症状があり, 入院が必要な重症な子どもまでいる。

病気の種類は大きく, 奇形・腎炎・ネフローゼ症候群・その他に分類される。奇形は生まれつきの腎臓の異常である。腎炎には急性のものと慢性のものがあ

表29　安静時および運動中の血液分布（推測値）

	安静 (ml/分；%)	運動（ml/分；%）		
		軽い	中等度	最大
肝, 胃腸系	1,400；24	1,100；12	600；3	300；1
腎臓	1,100；19	900；10	600；3	250；1
脳	750；13	750；8	750；4	750；3
心臓	250；4	350；4	750；4	1,000；4
骨格筋	1,200；21	4,500；47	12,500；71	22,000；88
皮膚	500；9	1,500；15	1,900；12	600；2
他の器官	600；10	400；4	400；3	100；1
	5,800；100	9,500；100	17,500；100	25,000；100

る。一般に急性腎炎は予後がよく，問題になるのは慢性腎炎である。ときに，大人になって腎不全といって，腎臓の機能が低下し，人工透析をしなければならない例もある。

　ネフローゼ症候群は比較的重症な腎臓病で，大量の蛋白尿がみられ，その結果，浮腫や高血圧などの障害が起こる。

　その他に稀な腎臓病も数多くある。

　b．運動指導

　なぜ，腎臓病の子どもが運動やスポーツを行うと問題か？というと，運動やスポーツを行うことにより，筋肉などに血液が供給され，腎臓を流れる血液の量が減少する。結果，腎臓に悪影響が起こる。健康な成人では心拍数が150/分を超えるような運動やスポーツを行うと腎臓を流れる血液量が減少することがわかっている（**表29**）。腎臓病をもっている子どもでは，健康な子どもでは影響ない程度の運動でも腎臓の機能は低下し，腎臓が悪化することがある。

　重症な腎臓病を持つ子どもの運動やスポーツは禁止である。

　運動やスポーツが問題になるのは全く無症状で，尿の検査をすると蛋白尿や血尿がみられる程度の子どもである。

　腎臓病の子どもの運動指導の目安を**表30**に示した。

　なお，腎臓病の子どもの運動指導は心臓病と同じように腎臓病管理指導表（**表31**）がある。

　3．テンカン

　a．子どものテンカン

　テンカンを持っている子どもは意外と多い。200人に1人程度の頻度でいる。

表30 管理区分の目安

管理区分	慢性腎炎症候群または蛋白尿	無症候性血尿	急性腎炎症候群	ネフローゼ症候群
A．在宅	在宅医療または入院治療が必要なもの	—	在宅医療または入院治療が必要なもの	在宅医療または入院在宅医療
B．教室内学習のみ	登校は可能だが腎機能の低下または蛋白尿・血尿が(卌)以上あるもの，もしくは病状が安定していないもの	—	回復期で蛋白尿を認めるもの	登校は可能だが病状がまだ安定していないもの(病状が安定するで)
C．軽い運動のみ	血尿と蛋白尿が(＋)程度，蛋白尿が(卌)程度	無症候性蛋白尿および蛋白尿が(卌)以上のもの	発症後3ヵ月以上経過しているもので蛋白尿陽性のもの	症状は安定したが，ステロイド治療中のもの(Dに移動するまで)
D．軽い運動および中等度の運動のみ（激しい運動は見学）	血尿単独もしくは蛋白尿(＋)程度で変動が少ないもの	無症候性蛋白尿で常に蛋白尿が(＋)のもの無症候性血尿が(卌)以上のもの	発症後3ヵ月以内でわずかに血尿のみが残るもの。3ヵ月以上経過しても，かなりの血尿が残り，病状が安定していないもの	ステロイド隔日投与中で寛解が維持されているもの
E．普通生活	血尿(＋)程度，もしくは血尿(＋)で蛋白尿も(±)程度の安定しているもの	血尿(＋)もしくは蛋白尿(±)以下で尿所見が安定しているもの	発症後3ヵ月以上経過して微少血尿が残るもの，または尿所見が消失したもの	ステロイドの投与を中止して寛解が維持されているもの

注）①慢性腎炎症候群とは，病理組織学的に慢性に経過する腎炎であることが明らかな症例，およびその臨床経過からそれが推定される症例をいう。

②無症候性血尿または蛋白尿とは，健康診断における検尿で血尿または蛋白尿が発見され，その他の理学的所見，臨床検査所見に異常を認めず，腎病理所見が明らかにされていない症例をいう。

表31 腎臓病管理指導表

区分			教室での学習	体育実技 (クラブ活動、休み時間、ゆとりの時間等もこれに準ずる)				クラブ活動及び部活動		給食	学校行事、その他の活動
					軽い運動	中等度の運動	強い運動	軽度	高度		
		学校生活規則面からの区分		小学校 1・2・3・4年	簡単な体操（上肢・下肢の運動）、ぶらんこ、すべり台、ジャングル、歩行、集会及び朝礼の集合、整列等の集団行動	手押し車、匍匐でん伏、棒遊び、とび箱遊び、梯子、及び高とび	短距離走、持久走、なわとび、鉄棒運動（連続）、ボール、ラインサッカー	ほとんどすべての文化的活動	ほとんどすべてのスポーツ的活動		I. 児童生徒活動 Aは禁、Bは委員のみ可、C・D・Eは可 II. 給食当番 A・Bは禁、Cは条件つき可、D・Eは可 III. 清掃、朝会やその他の集会 Aは禁、B・Cは条件つき可、D・Eは可 IV. 運動会、体育祭、球技大会 A・Bは禁、C・Dは条件つき可、Eは可 V. 水泳大会（記録会）A・Bは禁、C・Dは条件つき可、Eは可 V. 遠足、林学、修学旅行 Aは禁、B・Cはなるべく乗物を利用し、登山、長距離の徒歩は禁、Dは条件つき可、Eは全て可 VI. 臨海学校（キャンプ、登山な）Aは禁、B・C・Dは可、ただし宿泊活動の合宿など、については、とくに医師との協議が必要 VII. 野外活動 A・B・C・Dは可、ただし宿泊活動の合宿など、については、とくに医師との協議が必要 VIII. 集団競技で勝敗を争うものへの参加、副将、タイマー、スコアラー、ラインズマン、マネージャー、記録員、大会役員などとして参加（可・禁）
				小学校5・6年 中学校 高校	簡単な体操（上肢・下肢の運動）、歩行、持久及び整列等の徒歩、初歩の泳ぎ、自己保全の泳ぎ	かけ足、リレーのランニング、ボール遊び、なわとび遊び、鬼遊び、スポーツテスト1 水遊び2	短距離走、持久走、なわとび、障害走、なわとび、より幅とび、より高とび、水泳、器械運動（連続）、バスケットボール、ハンドボール、サッカー、ラグビー、柔道、剣道、スキー、スケート				
					模倣運動、表現運動	器械運動 (基本の動作)					
						ドッジボール、バレーボール、バドミントン、ソフトボール、卓球、体操、スポーツテスト1					
						表現運動、ダンス					
医療面からの区分	1 要医療	A	登校禁止		禁	禁	禁	禁	禁	禁	
		B	要制限		可	禁	禁	禁	禁	可・禁どちらかに○を	
	2 要観察	C	要軽護		可	可	禁	可	禁	可	
	3 普通	D	要注意		可	可	どちらかに○を	可・禁どちらかに○を	禁	可	
		E	普通生活		可	可	可	可	可	可	

注) この表の強度区別は、1つの基準を示すものであるが、同一の運動種目でも実施方法により強度区分は変わるものもある。また、ここにあげた種目以外についてもそれぞれの内容を考慮して強度を区分する。その例として
スポーツテストは各種目により判断する
注1 低学年の水遊びは水慣れから水泳までを含む、水慣れは軽い運動、それ以外は中等度ないし強い運動区分になる

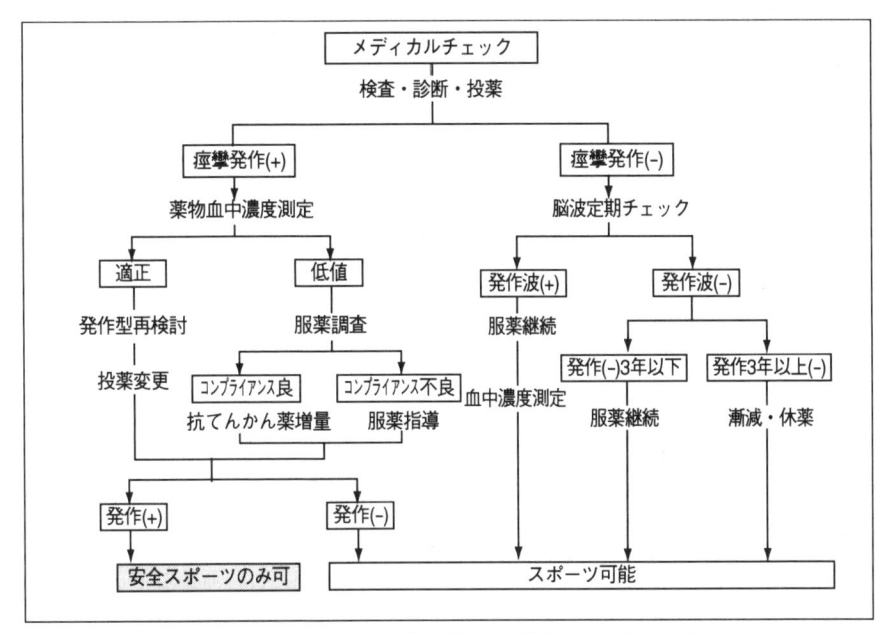

図79 テンカンのスポーツ可否判定フローチャート

多くの場合,保護者や本人が公言しないので,把握できない。

テンカンとは『脳の反復する異常な電気的活動で,意識障害やケイレンを反復して起こす病気』である。

子どものテンカンは誰が見ても病気があるということがわかる子どもから,一見したら全くわからない限りなく正常に近い子どもまでいる。この背景には,病気の重さと薬による発作コントロールの善し悪しにある。といっても,全てのテンカンに薬が有効ではなく,薬による発作コントロールが極めて難しい例も数多くある。

テンカンは『アワを吹いて倒れる』という認識しかない人がいる。『アワを吹いて倒れる』という場合もあるが,ほんの一瞬,意識がなくなるような発作や筋肉が一瞬ケイレンするような発作もあり,発作の様子はさまざまである。

b．運動指導

薬による発作コントロールの程度と基礎疾患(知能などの障害の有無)により運動指導の目安がかわる。

基礎疾患があり,指導者の指導内容を十分に理解できないようなときにはかなりの制限が加わる。

薬による発作コントロールが極めてうまく行っている子どもの場合,大部分の

表32 テンカン児の運動参加基準

グループ	発作の程度	体育的運動			
		運動会 (徒競走・遊技)	水泳	器械運動	陸上運動 (マラソン)
A	過去1年なし	普通参加	普通参加	普通参加	低学年で校庭内の場合には徐々にふやして普通参加、校外または長距離の場合D，Eは留意(列の中のほうにする、そばにつく)
B	過去1年に1~2回位	普通参加	低学年は普通参加，高学年は留意	普通参加	
C	過去1月に1回位	留意	低学年は留意，高学年は要注意(1対1の監視と救助要員	高学年(鉄棒登はん棒)留意	
D	過去1週間に1回位	要注意	厳重注意(1対1の専門家による指導体制)	留意	
E	過去1日に1回位	厳重注意	専門家が水に入って常時そばにいる	要注意	

注)留意…気をつけて監視，要注意…常に監視，厳重注意…1対1の配慮
(永峰 博:"テンカンの子に接する方々のために"1983，国立特殊教育総合研究所病弱教育研究部より引用)

種目で運動制限はいらない(**図79**)。

テンカンの子どもの学校での運動指導の目安を**表32**に示した。

4．川崎病

a．川崎病

川崎病は1967年に川崎富作博士が発見した4歳以下の子どもに好発する熱性発疹性疾患である。ただ熱がでて，発疹が出る病気ならば問題はなかったが，冠状動脈瘤ができて突然死することから注目されている。さらに，1974年(昭和49年)に，著者らにより治った子どもにも冠状動脈瘤後遺症を高頻度に残すことが発見され，一層，子どもの心臓病として注目されるようになった(**図80**)。結果，川崎病にかかった子どもの運動やスポーツ参加が問題になるようになった。

これまでに10万人以上の子どもが川崎病にかかっている。

b．運動指導

入院している時期から心電図や胸部レントゲン写真で大きな異常がなく，心エコー検査で冠状動脈に異常を認めなかった軽い川崎病の子どもは運動制限の必要はない。念のために成人になるまで，定期的に循環器検査を受ければ理想的であ

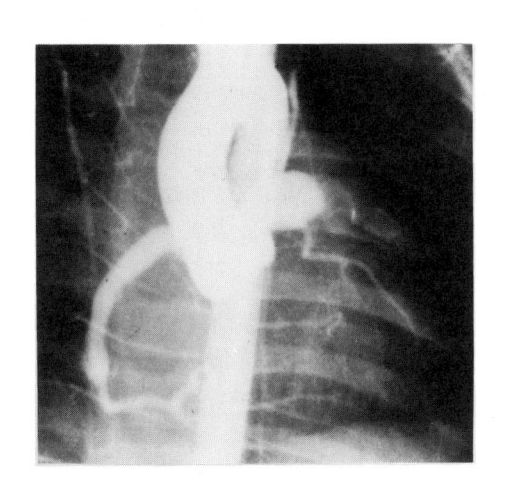

図80 川崎病に見られる冠状動脈瘤後遺症（冠状動脈造影像）
（左冠状動脈に球状の瘤，右冠状動脈にソーセージ様の瘤あ

る。
　入院している時期に心エコー検査で，軽度の異常や明らかな異常のみられた子どもは，長期に渡たる定期的な循環器検査が必要である。通常，運動制限は必要ない。
　冠状動脈瘤などの明らかな心臓後遺症を残した子どもでは，心電図所見，胸部レントゲン所見，冠状動脈造影所見，運動負荷心電図検査所見などさまざまな循環器検査所見を総合して判断される。大部分の子どもは運動制限が必要である。

5．糖尿病
a．子どもの糖尿病
　糖尿病というと『大人の病気』と思っている人が少なくない。子どもにも大人同様に糖尿病がある。
　子どもの糖尿病は10万にあたり5人前後の頻度でみられる。
　子どもの糖尿病も大人と同じように，インスリン注射を必要とする糖尿病（インスリン依存性糖尿病）とインスリン注射を必要としない糖尿病（非インスリン依存性糖尿病）がある。
　運動やスポーツはインスリンの効果を高めるなどさまざまなよいことがある（**表33**）。そこで，インスリン依存性糖尿病の子どもでも，非インスリン依存性

表33 糖尿病に対する運動療法の効果

1. 末梢組織のインスリン感受性を改善させ，高血糖および高インスリン血症を是正することにより合併症の予防および進展防止が期待できる。
2. 食事療法と併用することにより体脂肪の減少を中心とした減量が可能である。
3. 血中コレステロールや中性脂肪の低下など脂質代謝を改善させる。その結果動脈硬化性病変の出現を予防し進展を防ぐ。高血圧の改善も期待できる。
4. 心肺機能が高められる。
5. 免疫能が賦活化される。
6. 筋力が増強される。骨のカルシウム喪失が防止される。
7. 爽快感が得られストレスが解消される。脳神経系を活性化し老化やボケ防止に役立つ。

表34 危険の防止対策

1. 運動を開始する1～3時間前に食事を摂取する。
2. 運動中に糖質補給する。とくに激しく長時間にわたる運動の場合には少なくとも30分ごとに補食を与える
3. 運動後24時間までは食事摂取量を増加する（運動量によって増加量を決定する）。
4. 運動開始1時間前にはインスリン注射を終了させておく（もし注射1時間以内に運動しなければならない場合には運動に直接関与しない部位に注射する）。
5. 運動前にはインスリン量を減量する。
6. 運動計画に従ってインスリン投与計画を変更する（運動前，運動中および運動後には必ず血糖をモニターする）。
7. 血糖が250mg/dl超え，しかもケトン体が陽性の場合には運動を延期する。
8. 異なった種類の運動を行う場合，それぞれにおけるグルコースの反応を患者自身に把握させる。

糖尿病の子どもでも，運動やスポーツは治療の一貫として大切である。

b．運動指導

糖尿病の子どもの運動指導で大切なことは，運動処方のための事前の検査である。糖尿病はさまざまな合併症を起こす。合併症を伴うような糖尿病の子どもは運動指導は極めて難しい。

合併症など運動やスポーツに障害がないことが確認されたら，具体的な運動処方が行われる。具体的な運動処方は，管理している小児科医からでる。

運動現場での注意は処方内容の遵守と危険防止である（**表34**）。最も大切なことは低血糖発作の予防である。食生活が悪い例，運動前の食事が悪い例，過度の運動をした例，インスリン注射部位の悪い例などで起こる。低血糖発作の症状としては以下のような症状がみられる（**表35**）。

表35 低血糖の症状と対策

血糖値 (mg/dl)	症　状	対　策
70〜		臨床症状を認めればペットシュガー
60〜	副交感神経期 　　空腹感，悪心，あくび	ペットシュガー ＋ マリー3枚（1単位） （ビスケット）
50〜	大脳機能減退期 　　無気力，だるさ，あくび，会話の停滞，計算力減退	
40〜	交感神経期 　　血圧上昇，発汗，頻脈，上腹部痛，ふるえ，顔面蒼白，紅潮	ジュース1缶 ＋ マリー3枚 （ビスケット）
30〜	低血糖昏睡前期 　　意識喪失，異常行動	
20〜	低血糖昏睡期 　　痙攣，深い昏睡	点滴による高張糖液の補給
10〜		

① 空腹感・悪心・あくび。
② 無気力・だるさ・会話の停滞・計算力の減退。
③ 発汗・頻脈・震え・顔面蒼白。
④ 意識喪失・異常行動。
⑤ ケイレン。

運動前後，できれば運動中にも血糖値を計り，適切な血糖値状態であることを確認しながら行うことが理想的である。

6．肥満児

a．肥満児

肥満が病気かどうかは議論のあるところであるが，肥満が称賛されることはない。肥満の子どもはどうしても運動やスポーツが苦手である。肥満の子どもの運動能力の特徴を**表36**に示した。

b．運動指導

肥満児の治療には食事指導と運動指導が必要である。しかし，もともと運動やスポーツが好きでない肥満児に運動やスポーツを指導することは大変なことである。そこで，以下の点に注意し，根気よく指導することが大切である（**表37**）。

表36 体型と劣っている種目との関係

	体　力			運動能力		
中等度肥満	上体そらし	（男）		50m走	（男）	（女）
	垂直とび	（男）	（女）	懸垂	（男）	（女）
	踏台昇降	（男）	（女）	持久力	（男）	（女）
軽度肥満				走り幅とび		（女）
やせ	握力	（男）	（女）	ハンドボール投げ	（男）	（女）
	背筋力	（男）	（女）			
	上体そらし		（女）			
	立位体前屈	（男）	（女）			

表37 小児肥満における食事療法と運動療法の比較

効果	食事療法	運動療法
体重減少	有効	有効
脂肪の減少	有効	有効
脂肪のない組織	減少	増加
成長障害	可能性あり	可能性なし
体力増加	なしまたは僅か	あり
脂肪細胞の減少	あり	あり
飢餓感	あり	なし
体重減少のスピード	早いまたは遅い	遅い
繰り返し効果	なし	なし

（Bar-Or O："Pediatric Sports Medicine" 1983, Springer Verlag, Berlin, Heidelberg, New York より引用）

① 200～300kcalの消費を目標にする。
② 有酸素運動を行わせる。
③ 1日30～60分程度とし，長く継続させる。（場所・運動種目は継続性から考える）
④ 家族全員で協力する。
⑤ 効果を確認しながら行う。
一般的には水泳などが推奨される。

7．運動処方

子どもの運動やスポーツではあまり行われないが，子どものスポーツを指導す

る大人や保護者も基本概念ぐらいは覚えておいて欲しいものである。

運動処方とは『具体的目的を達成するために運動の内容を有効かつ安全に行う条件を決めてあげること』である。

一口に運動処方といってもさまざまな目的の処方がある。健康増進を目的とする，病気のリハビリテーションを目的とするなどが主なものである。

ここでは健康増進のための運動処方について解説する。

健康増進のための運動では効果が高いこと，安全であることが求められる。運動内容は，①運動種目，②運動強度，③運動時間，④運動頻度，⑤コンディションなどを決めることが必要である。

運動処方の目的を達成するためには医学的検査，体力検査などが必須である。勧められる運動は有酸素運動が勧められるが，理由は以下のとおりである。

① 血圧上昇が少なく，循環系への負担が少ない。
② 心機能を強化させる。
③ 虚血性心疾患，肥満，糖尿病，高脂血症，動脈硬化などに対して予防効果や治療効果が大きい。
④ 乳酸の蓄積が少ない。
⑤ 長時間できるので全消費カロリーを増やせることができる。
⑥ 脂肪の消費が多い。
⑦ マイペースでできる。
⑧ 安全性が高い。

通常，最大酸素摂取量の50〜70％の運動を，週3〜4日行うことが勧められる。

C．水泳と病気

水泳を愛好している子どもで問題になる中耳炎と伝染性軟属腫（水いぼ）について述べる。

急性中耳炎は耳の穴に水が入って起こると思っている人がいるが，急性中耳炎は鼓膜が正常な子どもでは，耳の穴に水が入って起こることはなく，細菌が鼻の方から耳管という管を通って，耳の中に入って起こる。鼻のなかに細菌の侵入口がある（**図81**）。

急性中耳炎で通院中は運動やスポーツは禁止であり，とくに水泳は好ましくない。

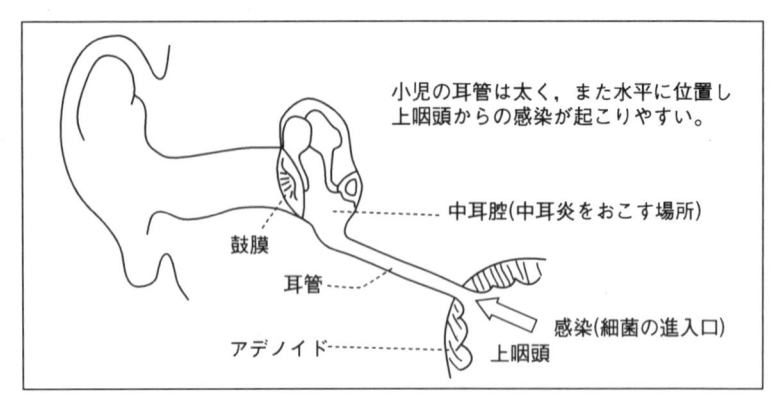

図81　耳の構造

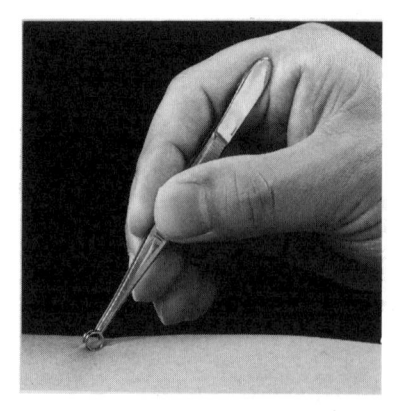

図82　水いぼをとるのに便利なトラコーマ鉗子

　滲質性中耳炎という，慢性の中耳炎が注目されている。滲質性中耳炎にかかっている子どもがかなりの数いる。放置すると難聴の原因となるので，少し時間がかかるが，しっかり完治するまで治療することが大切である。
　滲質性中耳炎では一概に運動やスポーツは禁止されないが，滲質性中耳炎で鼓膜にチューブが入っていたり，孔のあいている子どもの水泳時には，耳栓をすることを忘れてはならない。
　水泳で問題となる皮膚病に『水いぼ』がある。『水いぼ』という病名は俗名で，正確には『伝染性軟属腫』という。
　『水いぼ』の原因はウイルスであるが，伝染経路については正確に分かっていない。接触することにより感染することは確実であるが，プールの水を介して広

がるかは不明である。

　『水いぼ』があるとプールに入ることを禁止されたり，『水いぼを切除していらっしゃい』と指導される。水泳は裸で行うスポーツで，接触することにより感染することから，『水いぼ』があれば切除したほうがよい。

　ときに，自然治癒するから切除しなくてもよいという医師もいる。『水いぼ』を切除することは簡単であるが，かなりの痛みを伴う。トラコーマ鉗子という特殊な形をしたピンセットで切除すると痛みが軽減される（**図82**）。

第11章　ドーピング

　運動部活動や少年野球などのスポーツを愛好している子ども達には直接関係ないが，運動やスポーツを愛好する子どもの基礎知識や精神としてドーピングに関して知っておく必要がある。

A．ドーピング

　ドーピングとは『スポーツや運動成績を高めるために，不正に薬物などを用いる行為』である。優しくいうと『薬を使ってズルをすること』である。
　ドーピングという言葉は『南アフリカの原住民カフィール族が，地元の強い酒（Dop）を飲んで，士気を高めていること』に語源する。
　なぜドーピングが悪いか？というと『運動やスポーツは，それぞれのルールのもと，公正・公平な状況で，フェアプレーを行うからこそ，勝負や競技がおもしろく，勝者は讃えられ，敗者は惜しみない拍手を受けること』に反するうえ，スポーツ選手の体ばかりでなく，生命も奪うことがある。
　ドーピングにより死亡した事例は1960年ローマオリンピック大会で，アンフェタミンと酒石酸ニコチンアルコールの混合物を服用した自転車選手の例，1967年のツール・ド・フランス自転車レース時の死亡事故例などが有名である。
　さらにベン・ジョンソンの出場停止事件，広島アジア大会における中国水泳選手事件，日本陸上連盟：伊藤選手事件などよく知られている。
　ドーピング薬としては『興奮剤』,『麻薬性鎮痛剤』,『蛋白同化剤：筋肉増強剤』,『利尿剤：減量剤』,『成長を促す薬剤・血液増加作用を有する薬物など』,『血液』,『その他』がある。
　毎年，新しい薬がドーピングの対象に加えられている。ドーピングは『知らなかった』では済まされない問題である。
　薬局などで市販されている薬や栄養ドリンク剤にも禁止薬物が入っている。国際試合に出場する機会のあるスポーツ選手は，不用意に薬は服用せず，必ずスポーツ医に相談したり，指導を受けることが大切である。

第12章　スポーツ医学の将来

　わが国でもスポーツ医学がやっと注目されようとしている。そこで，最後にわが国のスポーツ医の現状と子どものスポーツ憲章の設立の必要性を解説する。

A．スポーツ医

　現在，わが国には3種類のスポーツ医がいる。正確にいうと，3種類の少し目的が違うスポーツ医が，別々の組織によって養成されている。
　3つの組織で作られるスポーツ医は以下のとおりである。
　① （財）日本体育協会によって作られるスポーツ医。
　② （財）日本医師会によって作られるスポーツ医。
　③ （財）日本整形外科学会によって作られるスポーツ医。
　（財）日本医師会によって作られるスポーツ医が最も多く，実地医家（開業医）の先生の中にも（財）日本医師会のスポーツ医の資格を持っている先生が数多くいる。どこに所属するスポーツ医の先生も，スポーツ医学についてはよく知っている。近所にいるスポーツ医の資格をとった先生にいろいろと相談するとよい。

B．発育期のスポーツマン権利目録

　最近の子どもの運動やスポーツには，何かの形で大人が関与せざるをえない。そこで，大人がスポーツ医学やスポーツ科学を勉強し，大人が見本を示さないと運動やスポーツを愛好している子どもはわからない。
　この本は子ども達のスポーツ医学的知識中心に書いたが，大部分，大人のスポーツにも当てはまる。
　欧米でもわが国と同じような運動やスポーツを愛好する子ども達の問題がある。しかし，わが国と異なるところは，『子どものスポーツ医学』が，わが国より小児科医やスポーツ指導者の間に普及していることである。
　1例を上げると，わが国でスポーツ医学を研究する医師の集まり『日本臨床スポーツ医学会』に参加している医師の数は約2,300人（2000

年度現在）であるが，『アメリカスポーツ医学会』に参加している医師の数（1996年度現在）は約13,000人である。

　さらに，『アメリカ小児科学会』では子どものスポーツに関する委員会を作り，さまざまな提言や注意を年に何回かスポーツ医学が専門でない小児科医に提供している。

　アメリカ合衆国では『発育期のスポーツマン権利目録』という子ども達のスポーツに関する基本的な権利目録が作られている。わが国にはこのような権利目録はない。

　『発育期のスポーツマン権利目録』の具体的内容は以下のような内容である。
　① スポーツに参加する権利。
　② 子どもの成熟度や能力に一致したレベルでスポーツに参加する権利。
　③ 質の高い成人のリーダーシップをえる権利。
　④ 子どもとしてプレーする権利。
　⑤ 自分の行うスポーツの中で，自らリーダーシップを発揮したり，決定を下したりする権利。
　⑥ 健康的な環境でスポーツをする権利。
　⑦ スポーツ参加のための適切な準備をする権利。
　⑧ 成功のため（勝利）の努力が平等にえられる権利。
　⑨ 品位を持って取り扱われる権利。
　⑩ スポーツに喜びをもつ権利。

　わが国でも『発育期のスポーツマン権利目録』が作られることが望まれる。

索　引

あ
アイシング（冷却）　63
赤ちゃん体操　34

い
インファントスイミング　27

う
運動不足　2, 3
運動処方　120
運動能力テスト　3
運動負荷心電図検査　87
運動部活動　9
運動誘発性気管支喘息　53

え
MRI検査　95

お
オーバートレーニング　58
オスグッド病　67
親子指導　33

か
階段昇降負荷　87
カウプ指数　12
過換気症候群　50
過呼吸症候群　50
風邪　98
活性酸素　42
川崎病　116
冠状動脈瘤　117
感染症罹患　30

き
基礎体力作り　17
喫煙率　25
気道確保　75
基本動作作り　17
急性中耳炎　121
急性内科的スポーツ障害　8
胸部レントゲン写真　84
脇腹痛　56
筋力トレーニング　21
筋力トレーニングや技術的な練習　17

く
靴　19

け
血液検査　90
血尿　62
健康教育　105

こ
抗酸化的酵素　45
骨年齢　13

し
思春期　12
湿球黒球温度　49
障害児　32
少年野球　68
食物依存性運動誘発性アナフィラキシー　55
心エコー検査　89
診察　93
滲質性中耳炎　121
心臓病　99
心臓病管理指導表　100
心臓マッサージ　75
身長　4, 11
心電図検査　84
心肺蘇生　72
自転車エルゴメータ負荷　87
寿命　43
人工呼吸　73
腎臓病　111
CT検査　93

す
水泳　121

127

水中スポーツ　36
スポーツ医　125
スポーツ強化　20
スポーツ指導　17
スポーツ障害　8, 47
スポーツ心臓　60
スポーツ貧血　24, 59
スポーツマン権利目録　125

せ

整形外科的スポーツ　62
成長　11
成長曲線　12
性的発達　12
生理　22
生理不順　59
脊椎（分離）滑り症　67
脊椎分離症　66
潜水性徐脈　38
先天性心疾患　99
前胸部叩打法　75

た

体格　12
体重　11
体表面心位図検査　87
体力診断テスト　3
体力低下　3
蛋白尿　62
脱臼　65
WBGT　49

ち

長距離ランナー　81
聴診　93

つ

使い過ぎ症候群　63
突き指　66

て

テニス肘　68
テンカン　112
溺死　30
伝染性軟属腫　122

と

糖尿病　117
突然死　47
トレッドミル負荷　87
ドーピング　124

な

内科的スポーツ障害　8

に

肉離れ（筋線維束断裂）65
尿検査　92
24時間心電図検査（ホルター心電図検査）　89

ね

熱射病　48

熱中症　48
熱けいれん　48
熱失神　48
熱疲労　48
捻挫　64
年齢別運動強化方針　18

ひ

ヒス束心電図検査　87
必要性　1
肥満児　4, 119
標準体重　4
ピークフローメーター　54

ふ

不整脈　40, 107
不登校　62
不慮の事故　30

へ

平均加算心電図検査　87
ベビースイミング　27

ほ

骨の健康　80
ホルター心電図検査　87
防具　19

ま

慢性疾患　99
慢性内科的スポーツ障害　9, 57

慢性疲労 58

み
水中毒 28

め
迷走神経反射 37
メディカルチェック 78

や
野球肩 68
野球肘 68

る
ルール 18

れ
練習方法 19

©2001　　　　　　　　　　　　　　　　　第1版発行　平成13年2月10日

保護者・学校関係者・スポーツ指導者・医師のための　　定価（本体2,000円＋税）
こどものスポーツ医学
書籍小包送料 ￥310

| 検　印 |
| 省　略 |

著　者　　浅　井　利　夫

発行者　　服　部　秀　夫

発行所　　**株式会社 新興医学出版社**
〒113-0033 東京都文京区本郷6-26-8
電　話　03（3816）2853

印刷 株式会社春恒社　　　　　　　　　　　　郵便振替　00120-8-191625

ISBN4-88002-429-5